ÉMILE GALLÉ

LA RENAISSANCE DU DÉCOR FLORAL

Il y eut, en l'automne de 1884, à l'ancien palais de l'Industrie, une belle exposition technologique organisée par la Société de l'Union centrale des Arts décoratifs et qui répondait à ce titre : « La terre, la pierre et le verre. » On y vit se produire avec éclat l'élite de nos céramistes, de nos lapidaires de tout ordre et de nos verriers de tout genre. L'émailleur Brocard avait empli une vitrine du plus beau choix de ses lampes de style arabe et de ses verreries diverses, surbrodées de rinceaux et d'entrelacs d'émail. Tout proche se groupaient, en un somptueux ensemble, les envois d'Eugène Rousseau, le légendaire marchand de la rue Coquillière, dont le goût raffiné, singulièrement audacieux pour son moment, poussait les décorateurs de la faïence aux pittoresques sincérités japonaises et qui concevait lui-même, avec des ressouvenirs de chefs-d'œuvre de la Chine et du Nippon, mêlés de curieuses intuitions personnelles, de magnifiques vases de verre doublés, triplés, francs de forme et de masse, ciselés parfois comme des camées ou gravés comme des bijoux, et tout animés d'oxydations intérieures, d'imprévues jaspures, de craquelures où s'allumaient de calmes lueurs. Un peu plus loin, sur une table tentatrice, le maître céramiste Théodore Deck, alors préoccupé des harmonieuses richesses de l'art persan, montrait des plats d'une exquise douceur bleue, noyée de clartés d'aurore. Puis, c'étaient des panneaux de porcelaine de M. Dammouse, aux blancs laiteux, aux tendres azurs; des grès flammés de M. Chaplet gardant en eux les ardents reflets de la fournaise natale; d'autres grès, de robuste aspect, de M. Delaherche... En ce temps-là, nous avions à lutter encore au nom du principe de l'unité de l'art. Mais l'heure allait sonner où l'on reviendrait à l'envi à cette vérité, chère à nos aïeux du moyen âge, qu'il n'y a point d'arts supérieurs par essence et d'arts inférieurs par destination; que le signe transfigurant des idées revêt, à la volonté d'un grand artiste, les plus humbles matières; que l'argile des potiers, au contact des oxydes métalliques, devient aussi précieuse que l'argent et l'or; que la magie du feu crée des gemmes glorieuses au fond des creusets de l'homme comme dans les profondeurs de la nature, et que ces splendeurs, arrachées aux éléments par le double effort du génie et de la science, ont une force de significative beauté étrangère aux diamants et aux perles. Et quelle joie envahissait, parmi les floraisons de cette exposition heureuse, les esprits indépendants, désireux de voir le sentiment humain pénétrer toute chose et l'art loyal envelopper la vie!

Qu'on réfléchisse aux féeriques transformations des substances au bénéfice du rêve, à l'appel mystérieux des pensées. Une poussière de silex se convertit, en se fondant, en un cristal aussi pur que l'air, d'une transparence d'eau courante, auquel on imprime telle forme qu'on veut et tel décor qui convient. Quelques parcelles de cuivre, de fer, de manganèse, d'étain ou de plomb, à l'état oxydé, troublent poétiquement cette limpidité originelle, voilent d'une gaze nocturne l'intensité de ce plein jour, ennuagent ce ciel, rident et font couler en ruisseau cette onde immobile, diaprent de fleurs chatoyantes ce clair enchantement. Avec la terre à poterie, pareilles surprises. L'artiste prend un peu de boue au creux de sa main, en fait ce qu'il lui plaît et commande au brasier de rendre sa fantaisie éternelle en lui donnant une âme. Sous les coups de marteau, les métaux tressaillent, s'étirent, s'assouplissent et sentent naître en eux le caprice de la vie végétale variée inépuisablement. Les bois séchés, ces majestés mortes,

ÉMILE GALLÉ

LES ARTISTES DE TOUS LES TEMPS

Série D. — Le XXᵉ Siècle

ÉMILE GALLÉ

PAR

LOUIS DE FOURCAUD

PROFESSEUR D'ESTHÉTIQUE ET D'HISTOIRE DE L'ART A L'ÉCOLE NATIONALE DES BEAUX-ARTS

PARIS

LIBRAIRIE DE L'ART ANCIEN ET MODERNE

ANCIENNE MAISON J. ROUAM ET Cⁱᵉ

60, Rue Taitbout, 60

—

1903

reçoivent de l'art une sève nouvelle qui les fait revivre et les ennoblit à jamais. Si la hache les abattit, le ciseau les associe merveilleusement à l'œuvre humaine. L'action du feu, qu'on leur applique à l'occasion, loin de les dévorer, les sensibilise ou les colore. On les montre forts et soumis, réveillés en leur vigueur, se dressant ou se tordant, s'arcboutant ou faisant fusée, se ramassant en figures vivantes ou se contournant en rinceaux, se coupant en lignes chimériques ou se reposant en de fermes dispositifs. On les amenuise, et ils ont des grâces légères, de sveltes aplombs. A réunir diverses essences

MODÈLES DE VERRERIE
(Forme et décor tirés de l'artichaut).

on obtient ces effets de coloration qui sont les sourires de l'ébénisterie. Le laqueur sait revêtir une surface uniforme d'opulents vernis ; le marqueteur fait parler aux bois, en leur propre langue, un délicat langage. Ainsi toute la création contribue aux fêtes imaginées par l'homme en son propre honneur. Il n'est rien qui ne doive à l'art de soudaines renaissances et, par là, ne participe à notre existence même, intime-

ment et triomphalement. Nous sommes fiers, à bon droit, d'un tel retour
à la logique, d'un tel emploi de notre énergie créatrice assujettissant
les choses à nos besoins et à notre idéal. La peinture et la sculpture ont
leur grande place, à coup sûr, au chœur des arts, mais elles ne sauraient
régner seules.

Et voici que, les préjugés vaincus, les yeux se sont dessillés. Des détails
de forme et de couleur qu'on n'avait pas appris à discerner ont reconquis,
de toutes parts, un caractère d'évidence. L'ornementation ne comportait
plus que des oves et des rais de cœur, des moulures géométriques, d'arbitraires et monotones stylisations de rares végétaux classiques et classés.
Depuis combien de siècles l'ornement n'avait-il pas oublié les trésors
d'inspiration tirés par nos vieux gothiques des plantes de leurs clos, des
fleurettes de leurs prairies ! A présent, les volutes des lianes recommencent
à livrer leurs secrets; les corolles chantent; les mousses des troncs
d'arbres, les enlacements des branches, les bourgeonnements, les épanouissements, les fructifications, constamment pareils et jamais semblables,
s'imposent à la sympathie et à l'étude esthétiques. Mille leçons sortent
pour l'artiste de l'incessante mobilité des saisons, des herbes, du ciel, des
eaux, des roches, des nids, des tanières, des plumages et du vol des oiseaux,
des structures et des aspects des animaux, des physionomies et des jeux
des insectes, des vestiges du passé, des germes en travail, des infiniment
grands et des infiniment petits confondus... Les Japonais nous ont incité,
par leurs exemples, à rouvrir le livre profond, multiple, passionnant,
angoissant, consolant, de la nature, où tout s'enregistre, où tout se
découvre. Heureux qui en pénètre les textes et se laisse gagner au charme
des lentes pénétrations ! Il prend conscience qu'il est le serviteur de l'universelle vie dans le cadre de la vie humaine et des besoins humains. Ses
attentions, ses émotions lui renouvellent constamment, au profit d'applications immédiates, dûment particularisées, le sens des réalités considérées
en la fixité des types, la singularité des accidents et la mobilité des appa-
rences. Tout se différencie à ses yeux chaque jour, d'abord parce que la
perpétuation de l'existence à tous ses degrés n'est que transformation et
mouvement, dans l'orbe des milieux, sous l'action des influences ; ensuite
parce que, chaque jour, le monde physique se meut, pour l'observateur
sensible, en intime accord avec le monde moral. Des préoccupations pré-

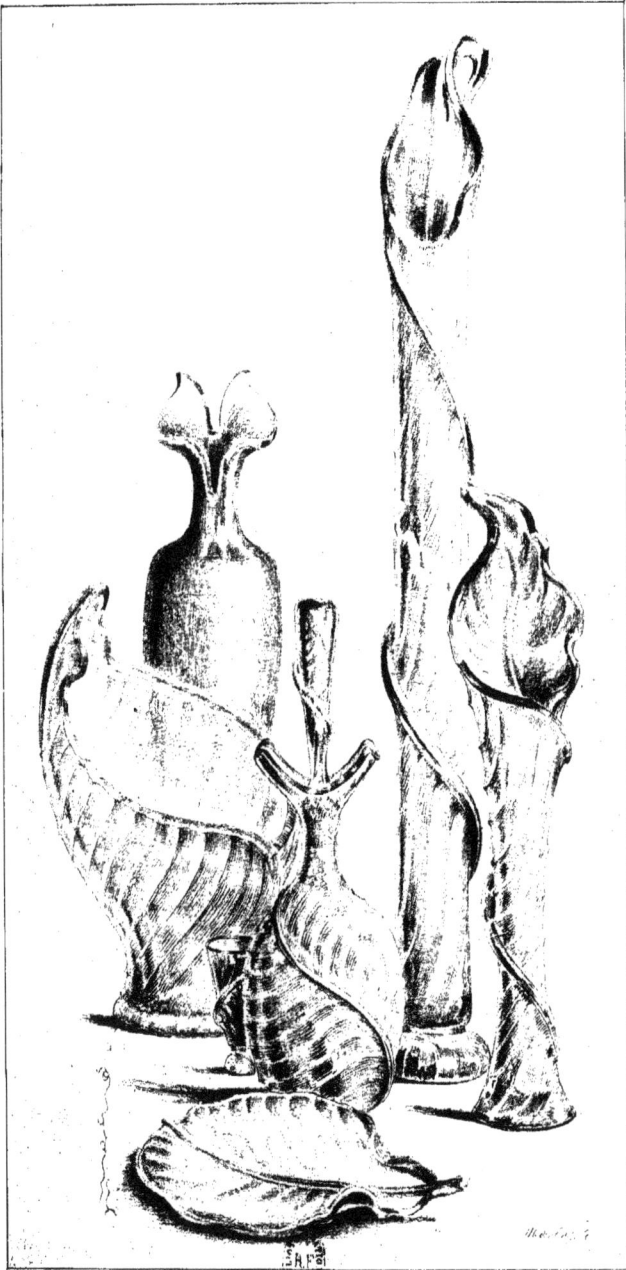

VASES EN FORME DE FLEURS
(D'après un dessin original d'Émile GALLÉ).

sentes, envisagées hautement, naissent des opportunités neuves, stimulatrices d'ingénieux desseins. Telle est la loi esthétique supérieure en vertu de laquelle l'art, éternelle expression de l'évolution humaine parmi les évolutions naturelles, se modifie sans arrêt.

D'aussi graves sujets de méditation surgissaient à l'envi, en cette exposition de 1884. Il s'y ajoutait, Dieu merci, de bonnes raisons d'espérance. Le souvenir n'était pas effacé des manifestations antérieures, où nos arts de la maison s'étaient décelés inférieurs à tels arts similaires de l'étranger. En 1852, le comte Léon de Laborde avait jeté le premier cri d'alarme et consacré son monumental rapport sur la section française à la récente Exposition de Londres à une analyse profonde des conditions de réforme théorique et pratique et de sûr progrès. Depuis lors, quelques progrès s'étaient accomplis; quelques œuvres bien raisonnées, d'exécution très pure, de tendances un peu plus affranchies de la lettre des conventions s'étaient offertes. Mais combien les idées, en général, tardaient à se débrouiller! A partir de 1870, l'effort d'ascension n'avait cessé de s'accentuer. La croissante importation des chefs-d'œuvre japonais suggérait et favorisait des rêves d'émancipation que les disciplines de l'éducation classiques ne parvenaient plus à contenir. Plusieurs artistes se tournaient, en même temps, vers les éclatantes fantaisies de l'Inde et de la Perse légendaires. Malheureusement, à travers les séductions de l'exotisme, le pittoresque prévalait à l'excès. Les principes vitaux, simples et subtils, ne se définissaient assez nettement pour personne. En vain l'élément essentiel de toute libre ornementation, l'interprétation de la plante, exilé de nos esthétiques officielles depuis le xvie siècle, nous était-il renvoyé par les maîtres du Japon, dont il assura toujours la fécondité comme il avait nourri la verve de nos prodigieux ornemanistes du moyen âge; nous percevions le fait sans en comprendre vraiment la portée. A la grande Exposition de Paris, en 1855, les signes de renouveau n'apparaissaient que par places, dispersés, indécis. Enfin, l'on reprenait clairvoyance. Le principe floral avait triomphé. La fleur des bois, des prés, des étangs, des jardins, longtemps délaissée des artistes, recouvrait sur eux son pouvoir. Elle se cambrait en ses sveltesses, se rengorgeait en ses opulences, évasait ses collerettes de frisures et de dentelures, érigeait ses tiares, penchait ses coupes, dardait ses pistils, lançait ses graines et ses grappes, se réclamait

des sucs de la terre et des frissons de l'air. Tous s'émer-
veillaient de ses constructions délicates, aux tiges nervées,
squameuses, bourgeonnantes, lisses ou duveteuses, portant
le gracieux édifice de sa beauté ; de ses formes organiques ;
de ses couleurs unies, rayées, marbrées, chinées, ombrées,
épuisant toutes les gammes de puissance ou de tendresse ;
de ses tissus de velours, de satin ou d'impalpable gaze ;
de ses cœurs ciselés, émaillés, bombés, creusés,
rayonnants. Auprès d'elle voletaient des insectes, et d'autres s'étiraient, rampaient sur ses
saillies. La foisonnante vie du dehors se con-
densait en elle. Avait-on le droit de s'en tenir
indéfiniment à quelques types végétaux stylisés,
comme les feuilles d'acanthe, de chêne et de
laurier, selon les traditions académiques, et à d'immémoriales combinaisons de géométrie, toujours les mêmes,
lorsque les yeux se rouvraient à de telles richesses
oubliées ? Des voix sans nombre montaient du sol vert et
fleuri pour revendiquer le droit esthétique et proclamer
les vertus enseignantes de tout ce qui germe, se développe en poussées printanières, s'exalte en fleurissements.
Pour tout dire, la plante multiforme et radieuse demandait
à occuper dans l'art la place qu'elle tient dans la nature.
Mieux encore : elle voulait être l'éducatrice des esprits
indépendants, las des formules, et l'éveilleuse du printemps en la matière assouplie et rénovée des œuvres d'art.

Pourtant, je ne me rappelle avoir éprouvé cette
impression plénière que devant les envois d'un seul expo-
sant, dont j'ai, pour ce motif, différé, en ce qui précède,
de prononcer le nom. C'était M. Émile Gallé, céramiste,
verrier, admirable praticien doué d'un génie de poète.
Bien qu'il eût déjà participé à des expositions, son nom
demeurait peu connu du public. Ses faïences, ses ouvrages
de verre se massaient en un réduit de dix pieds carrés
où s'exerçait une étrange magie. On y sentait sourdre des

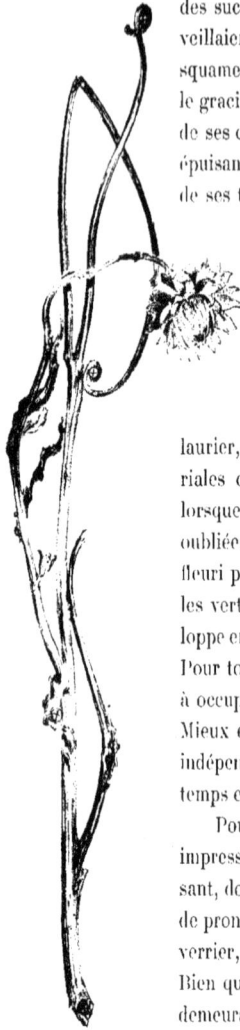

IMMORTELLE
(Dessin de serrure).

idées jeunes; il y passait comme des brises fraîches; on y croyait entendre
des bruissements d'eaux vives jaillies en forêt. Quand on en avait trouvé le
chemin, on y revenait sans cesse. Ce qui n'était, ailleurs, que pressentiment
et vision morcelée, se concentrait là, nettement, à l'état de perception
complète, subordonnée à un programme qui l'adap-
tait à des fins logiques. Sans doute on y voyait la
trace de recherches premières et même de tâton-
nements. L'auteur avait subi, avant de s'appartenir, plus d'une influence. Il s'était d'abord ratta-
ché dans la faïence au style du xviiiᵉ siècle, puis
jusqu'en ses verreries avait sacrifié à un romantisme héraldique. Dans l'art du verre, quelques
pièces témoignaient d'une attention donnée aux
finesses de la glyptique ancienne, aux procédés de
l'émailleur Brocard et aux effets, aux méthodes,
aux tours de main préférés d'Eugène Rousseau.
Son admiration pour les Japonais s'attestait, parfois, jusqu'à l'évidence, mais l'intelligence même
du japonisme et l'étude serrée de la botanique
l'avaient conduit vite à l'entier dégagement de
sa personnalité. Il s'était dit que, pour harmoni-
ser l'art à la nature, rien ne valait l'incessante
communion avec les choses en perpétuel devenir.
La fleur lui avait servi de modèle et de sujet de
réflexions constantes. Afin de la mieux connaître,
il l'avait non seulement dessinée, mais disséquée,

«LES NEIGES DE PENTECÔTE»
Cornet en cristal marqueté.

et il l'avait trouvée aussi précieuse, aussi instruc-
tive, aussi expressive, surtout, en ses détails, que glorieuse en son inté-
grité. De la fleur il était allé aux feuilles, aux écorces, aux pousses, aux
mousses, aux architectures ligneuses. Il avait analysé les baies, les fruits,
dans leurs formes, dans leurs pulpes, dans leurs colorations. Une manière
d'interprétation large, d'une précision synthétique, était née, peu à peu,
sous son crayon, de ce labeur acharné d'analyste.

Par surcroît, son intime sentiment de la vie épandue, en le rendant
fraternel à la création entière, l'avait induit à regarder de près les volantes

bestioles, les papillons, les libellules, les insectes mystérieux nourris du
végétal. L'instinct du paysagiste lui avait fait tenir compte, encore, du jeu
des lumières sur les eaux, du ridement des nappes liquides effleurées d'ailes
furtives, du bouillonnement et du clair sommeil glacé des sources, des
apparitions des plantes aquatiques en transparence. De même les états de
l'atmosphère lui avaient inspiré d'évocatrices oppositions de tons. Enfin,
résolu à ne rien négliger, on l'avait vu multiplier ses expériences sur la
composition des pâtes vitreuses, leurs densités, leurs aptitudes à se super-
poser et à se combiner pour filtrer des lueurs, à se parer, à se faire honneur d'accidents suscités par la science et l'adresse, à se veiner comme les
jades, les sardoines, les onyx, les agates, les gemmes de toute formation, à
tout degré de translucidité. La gravure au touret, les emplois de l'émail
opaque et de l'émail clair, les interpositions de feuilles métalliques l'avaient
également entraîné à des essais innombrables. Ainsi son art était un vrai
microcosme, où resplendissait la plante dans une enveloppe de choses et
de phénomènes sincèrement empruntés au réel et mis au service de rêves
et d'idées.

Car, — c'est ici le lieu de l'écrire, — pas une œuvre de M. Gallé n'a,
jamais été étrangère à l'idée et au rêve. L'immense virtuosité acquise lui
est un moyen, non un but. Un procédé ne vaut à ses yeux qu'à titre de
ressource d'écriture, susceptible d'extérioriser en particularité ce qu'il veut
faire sentir et faire entendre. Des significations déterminées s'imposent en
chacune de ses conceptions. Elles sont l'apport de son cerveau et la contribution de son cœur pour vivifier les thèmes et les techniques. Jamais,
dès ses premiers pas dans la carrière, on ne lui eût fait admettre que c'est
assez pour un artiste de fournir de beaux blocs brillants, dûment cristallisés,
pliés à des formes plus ou moins ingénieuses et sans l'éclair d'une pensée
humaine. Son haut hermétisme ne consentait à transmuer les éléments
naturels qu'afin d'y enclore les trésors d'une sensibilité consciente et d'un
idéal précis et agissant, magnifiés par des prestiges analogues à ceux que
crée la nature elle-même au fond de ses creusets primordiaux. C'est pourquoi le désir d'éclairer ses secrets symboles lui a fait, tout de suite, graver
au cristal de ses vases des sentences, des paroles d'indication, et, le plus
souvent, des vers caractéristiques de poètes aimés, se référant à ses dispositions actuelles et aux intentions de l'œuvre. Par là une étroite commu-

« VASES DE TRISTESSE. »

nication s'établit, pour toujours, entre l'auteur et les détenteurs de ses
ouvrages disséminés. Regarder avec attention une pièce de M. Gallé, c'est,
proprement, engager avec lui des colloques. Tandis que le charme matériel
opère, l'inscription parle et tourne le charme au profit de la pensée. Déjà,
en 1884, cette spéciale volonté d'expression définie par le verbe fut très
remarquée. Les uns la critiquèrent comme penchant à la subtilité ; d'autres
n'y aperçurent qu'une curiosité arbitraire. En fait, on y doit voir un trait
de personnalité décisif, témoignant non pas seulement d'une culture littéraire affinée, mais aussi, et surtout, d'un profond besoin d'expansion
morale et d'une sorte de vocation à enseigner, à provoquer des réflexions.
Il était réservé à l'artiste d'abonder plus tard en ce sens de transmission
intellectuelle en de tout autres modes — par la plume de l'écrivain et du
haut des tribunes de conférences. A l'endroit de sa production coutumière,
je ne nie point que la subtilité des déductions y joue un rôle important.
Mais où est le mal, à tout prendre, lorsqu'il s'agit de pièces précieuses
destinées à l'élite et jaillies, au fond, d'une sincérité populaire ? Les sentences, ornementalement et discrètement gravées, n'y font pas surcharge
au décor. Est-ce, d'ailleurs, que l'usage des inscriptions manque d'illustres
références en des modes divers ? Que d'exemples on en pourrait citer, depuis
les noms de personnages tracés sur les vases grecs, jusqu'aux plaisants
proverbes découpés dans la pierre de la maison de Jacques Cœur, à
Bourges, et aux textes liturgiques ajourés le long des balustrades de
l'église de La Ferté-Bernard !...

Toujours est-il qu'en quelques jours M. Gallé eut pour lui, non seulement les amateurs les plus délicats, mais aussi tout le monde. J'eus avec
lui, par la faveur des occurrences, deux ou trois sérieux entretiens. Le bruit
des éloges l'importunait. Maigre, sec, nerveux au suprême, la physionomie
tourmentée, je crois l'écouter encore, le verbe inégal, tour à tour ralenti,
entrecoupé de silences, et accéléré, comme impatient de traduire un afflux
d'idées émergées toutes ensemble. Il me dit son idéal d'un art entièrement
emprunté à la nature ou, tout au moins, n'admettant l'innaturel qu'à titre
d'exception. Tant pis pour qui ne demandait pas aux réalités les plus
voisines de la vie les éléments nécessaires à tout renouvellement esthétique ! Et puis, la grande affaire était d'évoquer l'âme à travers la matière
et de poser aux esprits libres de libres questions. Jusque-là les œuvres de

terre et de verre l'avaient absorbé. Peut-être une heure viendrait-elle où il s'adonnerait de même aux œuvres du bois et du métal... Avant que l'Exposition eût fermé ses portes, il avait regagné sa province. On ne le rencontra plus, à Paris, qu'à de longs intervalles, toujours pressé de repartir. Seulement sa célébrité avait rayonné au plus loin. Collections privées et musées publics possèdent, à présent, de ses ouvrages. A côté de ses verres et de ses faïences, ses meubles sculptés et marquetés ont surgi. Ceux de ses imitateurs qui n'ont discerné en ses compositions que des formes ont pu glisser au pastiche. Ceux qui ont compris sa méthode y ont puisé des forces d'indépendance. Aussi m'est-ce un plaisir d'écrire ces quelques pages afin de montrer, au plus bref, par quels chemins il a marché et quels ont été ses aboutissements.

ANTÉCÉDENTS ET BIOGRAPHIE DE L'ARTISTE

Les origines d'un maître exerçant une action notable sur ses contemporains sont indispensables à connaître, au double point de vue du développement de son talent et de la compréhension de son influence. Je grouperai donc, en notes brèves, ce que je sais des antécédents de M. Émile Gallé. Vers 1844, les circonstances amenaient et fixaient à Nancy un jeune homme, issu d'une très honorable famille de Clermont-sur-Oise, du nom de Charles Gallé, pourvu d'une bonne éducation classique, assez habile dessinateur, d'esprit curieux et industrieux, et qui se destinait au commerce, sans spécialisation préconçue. Il épousa Mlle Reinemer, fille d'un miroitier nancéien, de vieille souche protestante, intimement religieuse en son cœur, de laquelle, le 4 mai 1846, lui naissait un fils, Émile Gallé, voué à la foi de sa mère. Tandis que la jeune femme prodiguait à l'enfant ses soins tendres, et, dès son bas âge, s'appliquait à lui inculquer doucement de graves principes, son mari grandissait le cercle des affaires de la maison. L'idée lui vint d'ajouter à la miroiterie la gobeleterie de table. Au lieu de s'en tenir à la série des modèles courants, répétés à satiété avec d'insignifiantes variantes, pourquoi n'essayerait-il pas lui-même de créer et de mettre en circulation des modèles nouveaux ? En regardant les fleurs dont il avait toujours eu l'amour, des imaginations de formes l'assaillirent. C'étaient des évasements de calices imités des corolles, des ondulations rappelées du léger froissement des pétales, et de jolis renflements de lobes, et de fins plissements aux parties rentrantes, et de coquettes flexions de tiges pour le pied des verres et les anses des carafons. On réalisa ces formes comme il voulut aux verreries de Saint-Denis et de Pantin ; puis il les fit décorer sous ses yeux, d'après ses dessins, en un atelier de gravure organisé chez lui. Les décors s'inspiraient des fleurs des champs ; mais aux graminées ordinaires, s'adjoignirent bientôt les violettes, l'hortensia, et bien d'autres plantes. Afin d'y introduire la couleur, il recourut, à la longue, au procédé, encore élémentaire, de l'émail de Bohême, cuit au premier feu en blanc et peint après coup. Ses services de table réussirent si bien que la Maison Impériale les adopta pour Biarritz, Saint-Cloud et Compiègne.

M. Charles Gallé avait eu, sur ces entrefaites, une autre idée. L'ancienne et célèbre faïencerie lorraine de Saint-Clément existait toujours, mais plus rien n'en sortait que d'imparfait et de vulgaire. Dans les dépendances de la manufacture, les vieux moules du xviiie siècle gisaient délaissés, à moitié détruits. Ne serait-il pas intéressant de réparer ce matériel, de le remettre en usage et de rendre son lustre à la faïence stannifère, si chère à nos ancêtres et de si avenant aspect! M. Gallé père, pénétré de cette pensée, s'installa donc à Saint-Clément avec des vues précises. Grâce à lui reparurent, d'abord, d'aimables choses d'autrefois. Ensuite, selon sa coutume, il s'enhardit aux initiatives. De nombreux services de grand et de petit couvert se façonnèrent en ses ateliers, enrichis d'armoiries, d'emblèmes héraldiques, de devises, d'initiales et d'ornements Louis XV. L'archéologue lorrain Cayon dessinait les thèmes qu'on peignait à l'eau sur l'émail stannifère cru, à la mode de Delft et de Rouen. Cette fabrication, sans égaler en tendances la production variée à décor naturaliste du petit atelier de Nancy, avait néanmoins sa valeur. A de certaines heures, restaurer les judicieuses techniques du passé, c'est préparer l'avenir[1].

Pendant ce temps, M. Émile Gallé faisait régulièrement ses classes au lycée de sa ville natale. En seconde et en rhétorique, il eut pour professeurs deux excellents humanistes, MM. Duchesne et Hémardinger, qui lui firent goûter le grand organisme des chefs-d'œuvre littéraires et le prix de la sertissure des mots pour l'exaltation des pensées et des images. On crut alors qu'il se dirigerait vers la carrière de l'enseignement. Deux années de suite, il fut inscrit au cours de philosophie. A ce moment, ses chaudes curiosités le jetèrent aux sciences naturelles. Les leçons de botanique et les séances d'herborisation du savant Godron, l'auteur de la *Flore française* et de la *Flore lorraine*, n'eurent jamais un auditeur plus assidu et un

---

1. Sur les œuvres de Gallé père, dit Gallé-Reinemer, cf. Ch. Robert, *Rapport officiel de l'Exposition de 1855*. et, en général, les rapports spéciaux sur les expositions de 1867 et 1878, verrerie et céramique.

ROSES DE FRANCE

meilleur adepte[1]. Sa passion pour les plantes lui mit le crayon à la main. Jusque-là, il n'avait dessiné qu'à peine. On peut dire que la botanique décida de son avenir. Tout compte fait, Émile Gallé suivrait la voie paternelle, en l'élargissant toujours[2].

La vie qu'on menait chez le modeste verrier de Nancy, chez le fabricant de vaisselle de Saint-Clément, était simple et presque austère. Le jour, le jeune homme étudiait au crayon, à la plume et à l'aquarelle, des plantes, des animaux et des insectes. Quelquefois, il secondait son père en lui fournissant de petites compositions florales pour l'ornementation des verres et des croquis d'emblèmes et des devises pour l'illustration des faïences. Le soir, il lisait et annotait la Bible, s'enchantait à s'initier aux imaginations des poètes, se divertissait à feuilleter les recueils où le nancéien Grandville a fait jouer aux bêtes et aux plantes même des scènes d'humaine comédie. Je remarque des traces évidentes de sa juvénile sympathie pour les fantaisies de Grandville en beaucoup de menus sujets de ses débuts, antérieurs à 1872, exécutés à l'intention de la faïencerie : fleurs animées, fables de La Fontaine, satiriques allégories.

Les hautes aspirations poétiques, les inscriptions tirées de la Bible et des recueils de poésies ne se manifesteront guère qu'à l'époque où l'artiste aura conquis la pleine possession de soi, — aux environs de 1882.

TABLE EN MOSAÏQUE CISELÉE

Un ouvrier de Nancy, d'une individualité assez étrange, paraît avoir pris sur le débutant un certain empire. Je parle de Gengoult Prouvé,

1. Sur les connaissances botaniques de l'artiste, cf.: *Compte rendu du Congrès international de botanique à l'Exposition universelle de 1900*, p. 112-117 (*Orchidées lorraines : Formes nouvelles et polymorphisme de l'« aceras hircina »*, par E. Gallé.); — cf. *Bulletin de la Société centrale d'horticulture de Nancy* : nombreux articles de M. Gallé, à propos d'expositions horticoles (le dernier daté de septembre 1901).

2. Sur les années de formation de M. E. Gallé, cf. Ch. de Mexmoron de Dombasle, *Discours prononcé à l'Académie Stanislas, le 17 mai 1900*, et *Revue des arts décoratifs* (novembre 1900), le préambule de l'étude de M. Gallé lui-même : *Le mobilier contemporain orné d'après nature*.

3

d'abord dessinateur pour broderies, plus tard réparateur des moules retrouvés à Saint-Clément et modeleur d'une infinité de corbeilles, de jardinières, de baguiers, d'appliques et de supports livrés au commerce par la manufacture. C'était un homme d'une imagination débordante et toute romantique, d'une facilité de travail presque sans frein. Lui demandait-on une petite pièce? Il concevait aussitôt l'esquisse d'un monument. Ses premières idées se compliquaient d'intentions dramatiques et de comiques outrances. Parti des formes Louis XV, il arrivait, par entraînement de nature, aux plus bizarres combinaisons, pétrissant des cendriers contournés en écussons, des vases et des bougeoirs profilés en casques et des encriers où semblaient s'être amalgamés des cathédrales et des châteaux forts.

Toutefois, il se dégageait souvent de ce chaos des trouvailles heureuses. On cite de lui, notamment, de beaux lions héraldiques brandissant des tourelles, qu'on revêtit d'émail bleu rehaussé d'or pour des torchères et des candélabres et dont le succès fut très vif. M. Émile Gallé aima de l'inventif artisan sa liberté singulière. Même le caractère de ses monstres armoriaux, plus accentués que ceux de Cayon, l'impressionna. Il eut, personnellement, sa phase armoriale et « moyenâgeuse ». Plus d'une pièce de verre ou de céramique exposée en 1884 gardait encore, en sa modération et sa distinction, le sceau de son romantisme. Toute une série de faïences y faisait revivre des chasseresses, des châtelaines et des chevaliers. La bohémienne Esmeralda dansait sur un vase aux purs émaux. Une brillante coupe de verre, émaillée et gravée, s'intitulait : *le hanap des pairs de France*. La *Reyne blanche comme un lys* de la ballade de Villon chantait *à voye de syrène* au cristal d'un gobelet orné d'émail et d'or, et des visées d'un patriotisme historique se spécifiaient, ailleurs, en des évocations de Vercingétorix et de Jeanne d'Arc.

Gengoult Prouvé avait un fils, Victor Prouvé, né, pour ainsi dire, le fusain et l'ébauchoir à la main. Le destin de l'enfant était d'être associé de bonne heure, en qualité de collaborateur, à mainte entreprise de M. Gallé. Qui ne sait qu'il s'est fait, depuis, une enviable place parmi les peintres, les sculpteurs, les inventeurs de figurations décoratives applicables aux destinations les plus différentes? Nous l'allons rencontrer, atteignant sa onzième année tout juste en 1870, et déjà produisant des compositions.

Mais pour M. Émile Gallé a sonné, maintenant, l'heure des voyages. De

1862 à 1866, il est en Allemagne, et
principalement à Weimar, où il suit les
cours du professeur Jade, fait du modelage, herborise, dessine, songe, écoute
les musiques nouvelles auxquelles la
présence de Franz Liszt donne l'es-
sor. En 1866, le désir d'apprendre par
théorie et pratique les secrets de la
verrerie le conduit aux verreries de
Meisenthal, dans la vallée de la Sarre,
alors dirigées par Mathieu Burgun. Il
s'y adonne à de sérieuses études de
chimie verrière. En 1870, le voici de
nouveau à la faïencerie de Saint-Clément, composant, avec Victor Prouvé,
tout un service de rustiques vaisselles,
dit « service de ferme », et tout animé
de chats, de chiens, de coqs emplumés
ou déplumés, de poules et d'oies, le
tout peint sur l'émail cru et de belle
humeur. Survient l'horrible guerre
franco-allemande, durant laquelle il est
soldat volontaire au 23ᵉ régiment de
ligne. En quelques faïences patrio-
tiques, son pinceau en perpétuera naïve-
ment le souvenir : témoin cette curieuse
assiette, où se flétrit le myosotis d'Alsace, cloué au gibet du poteau germa-
nique, sous l'œil d'un hibou, en vue
du clocher de Strasbourg [1]. L'année
suivante, je le vois à Londres, travaillant
au musée de Kensington et au jardin
botanique, et participant à une petite

[1]. Collection de S. A. R. la princesse Louise
d'Angleterre, marquise de Lorne, à Londres.

« LES SECRETS DE LA MER »
D'après un dessin original d'Émile Gallé.

exposition française organisée par Du Sommerard. Bientôt après, un séjour à Paris lui révèle les cristaux anciens et les gemmes inestimables des vitrines de la galerie d'Apollon, au Louvre, les émaux de masse des lampes arabes de Brocard, et les vases de verre aux riches matières, quasi chinoises ou japonaises, d'Eugène Rousseau. Les yeux et l'esprit pleins de visions nouvelles, il retourne enfin à Nancy.

Malheureusement, l'annexion lui a rendu difficile l'accès de son laboratoire de Meisenthal, désormais en terre allemande. Où poursuivra-t-il la série de ses expériences et la réalisation de ses concepts? La faïencerie de Raon-l'Étape lui est un provisoire asile; mais il a bien vite pris son parti. Son petit atelier de Nancy s'agrandit et se complète d'une verrerie suffisamment outillée.

« LA FORÊT LORRAINE. »
Bureau en bois sculpté, rehaussé de cuivre

En outre, en 1874, il décide son père à transporter dans la même ville son matériel et son personnel de Saint-Clément, et il se met à la tête de cet ensemble. Production de gobeleterie décorée et de faïence peinte, émaillerie, gravure d'art sur verre, essais de poteries flammées et de grès gravés, tout va de pair. Aux abords de son creuset s'amoncellent des cristaux de quartz, des morceaux de jade et de jaspe. Penché à toute heure sur ses fourneaux, il s'acharne à douer ses vitrifications, comme la nature doue les siennes, de stries et de nœuds, d'éclats et d'éclairs, de reflets, d'ombres, de marbrures, d'arborescences. Il superpose les couches de matière: il

TABLE A JEU

(Cristaux, mosaïques et bronzes, piétement en amarante.)

y interpose des feuilles d'argent ou d'or; il suscite des bullages et des craquelures. D'effort en effort, si ses progrès techniques sont manifestes, des hésitations lui viennent touchant le genre des sujets à traiter.

Le musée du Louvre a laissé en lui l'émerveillement de certaines traditions de la Renaissance. De cette obsession est sortie sa *Coupe des quatre saisons*, quasi évidée dans un massif du plus pur cristal de roche, brodée de rinceaux d'émail noir, blanc et rouge, sertissant quatre cabochons gravés des *Saisons* des Loges de Raphaël[1]. En l'honneur de Brocard, les émaux épais s'entrelacent à la gorge de ses vases; il va jusqu'à prêter à une inscription latine : *Lux in tenebris*, je ne sais quelle apparence couflique[2]. A l'exemple de Rousseau, il demande conseil aux Japonais. Ce n'est pas d'un autre courant de recherches que viennent ces libellules et ces sauterelles cloisonnées d'un trait de brun ou d'un trait d'or, modelées d'émail translucide et d'émail opaque, exposées en 1878. On dirait des transpositions en verre de faïences de Satzuma. Tous ces ouvrages sont fort beaux, très parfaits d'exécution, marqués déjà de signes originaux incontestables, et il ne les a pas plus tôt terminés que le doute et le mécontentement de soi le ressaisissent.

Au fond, rien ne le touchera plus jamais de ce qui n'émane pas directement de la vraie nature. Son jardin a trop de fleurs, son pays a trop de plantes, son ciel a trop de rayons pour qu'il ne se consacre pas à célébrer la vie en ces exquises merveilles, par lesquelles, en lesquelles son âme réussit à s'exprimer. A d'autres le fantastique et le rappel des styles connus! A compter de 1884, son indépendance ne se plaît qu'au franc contact des choses. Nous avons à montrer ici l'ordre poétique et supérieur où s'élèvent désormais ses chefs-d'œuvre, d'un caractère si fortement à part.

1. La *Coupe des quatre saisons* a figuré à l'Exposition universelle de 1878. Elle appartient aujourd'hui au musée des Arts décoratifs de Paris. On connaît, en outre, un petit nombre d'intailles de M. Gallé à données mythologiques (vase Médicis, vase Apollon, vase Bacchanale). Il est arrivé très vite à des allégories libres comme *La Nuit*, *Le Silence et le Sommeil* et *La Fortune endormie*.

2. Ce cas n'est pas unique dans l'œuvre de M. Gallé en cette période : j'en atteste une potiche bleu paon avec une devise en langue pehlvie et sa traduction française : « *Bonnes pensées, bonnes paroles, bonnes actions* » (1884), et une veilleuse décorée de cette inscription en caractères arabisants : « *Espoir me luit à travers mes maux* » (1889). Mentionnons, à propos d'orientalisme, que l'artiste avait fait auparavant quelques incursions au domaine pittoresque de la vieille Égypte : fleurs de lotus, sphinx, scarabées mystiques, moissonneurs égyptiens, etc.

II

LE CHOIX DES FORMES

ET

L'APPLICATION DU THÈME ORNEMENTAL

La question des formes s'est posée à M. Gallé dès que les premiers principes d'un art original ont commencé à se coordonner en lui. Un objet conçu dans un but et destiné à recevoir un décor expressif exige une forme d'ensemble répondant à ce but et se prêtant à ce décor. Si raffinée qu'elle puisse être, une ornementation ne vaut, esthétiquement, que par ses étroites et manifestes affinités avec les profils, la masse et les surfaces, les matières constituantes et la signification intentionnelle de l'œuvre plastique. Avant tout, il incombe à l'artiste de préciser ses vues, idéalement et pratiquement, selon chacune de ses entreprises, en l'exacte limite de ce qui convient. Aucun éclat décoratif ne dispensera jamais un verre à boire d'être suffisamment évasé, facile à saisir et doux aux lèvres du buveur; une assiette d'avoir un fond plat et des bords un peu relevés pour empêcher la fuite des liquides; un vase à fleurs de s'ériger solidement sur sa base et de favoriser d'agréables présentations de bouquets; un siège de se plier aux bonnes attitudes du repos à buste plus ou moins dressé; un bijou de s'approprier aux normales conditions de la parure humaine. Même pour les grandes pièces associées à l'architecture ou simplement meublantes, la fonction régit la forme, et la forme, mise au point de l'idée, commande le décor. Mais comme, d'époque en époque, les goûts se modifient au gré des évolutions générales et des circonstances, il importe de chercher sans cesse soit des supports intimement ajustés à une ornementation qui s'innove, soit une ornementation s'harmonisant à des caractères de supports nouveaux. On ne gagne rien à prolonger des compromis de styles, — c'est-à-dire l'union d'éléments contradictoires.

Au temps où il travaillait aux faïenceries de Saint-Clément et de Raon-l'Étape, M. Gallé avait déjà senti l'équivoque de ces essais de conciliation.

Le décor naturaliste, entièrement moderne et vivant, dont il rêvait, s'écartait trop hardiment des traditions du xviii° siècle pour pouvoir se développer en concert avec les formes issues d'elles. Sans doute, il fallut des années au jeune artiste pour se délivrer des fantômes du passé, et nous avons indiqué, à ce point de vue, ses inquiètes expériences, ses regards jetés de

« LES CARNIVORES. »
Vase camée.

tous côtés, ses efforts différents de créateur, encore entravé et avide d'émancipation, allant du souvenir de Louis XV au romantisme, revenant vers la Renaissance, courant à l'orientalisme et se préoccupant de tout essai où s'affirmait une volonté de progrès. Mais, d'une part, plus il avançait, plus le thème ornemental tiré de la plante, comme point de départ essentiel, et, accessoirement, des insectes, si voisins de la fleur, et des modalités des choses naturelles, lui devenait cher; de l'autre, l'ardente foi se faisait en lui qu'un objet, quel qu'il soit, doit être franc, appartenir purement à son temps et garder en soi-même les plus clairs signes des pensées, des penchants, des habitudes, des aspirations secrètes de celui qui les composa et de ceux pour lesquels il fut produit. Ainsi se resserraient, en s'élevant, les termes de son programme. Ajoutons que l'analyse de chaque série de productions lui montrait à combien d'usages distincts la moindre catégorie d'œuvres d'art est appelée à faire face, au prix de subdivisions raisonnées. Qu'on prenne pour exemple la commune famille des vases à garnir, au jour le jour, de fleurs cueillies. Si tous ont, génériquement, le même but, ils ont à s'y accommoder de plus d'une sorte. Ceux-ci porteront haut des fleurs hautes, ou des gerbes à grandes tiges, enveloppées de retombants feuillages ; ceux-là s'offriront à des floraisons étalées en nappes basses ; ces autres feront mieux sentir le charme de menus bouquets irréguliers, d'une familiarité gra-

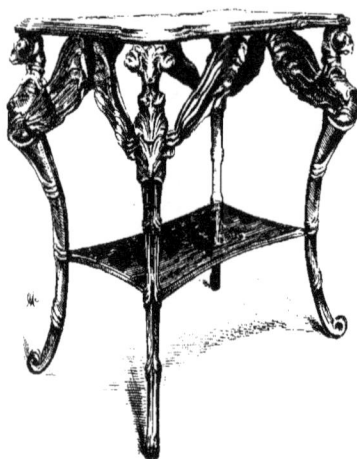

LA TABLE AUX LIBELLULES.

cieusement indépendante ; ces derniers soutiendront à ravir, au-dessus d'un long col, une seule fleur précieuse, quelque rose d'insigne beauté, isolée en sa royale essence. Autant de particularités d'où naissent des types spéciaux. Des classifications analogues, dérivées esthétiquement de précises nuances d'utilité, se font pareillement en tout ordre de conception. Les nécessités de la vie ont toujours obligé les producteurs à s'y référer dans une large mesure. M. Gallé pensa seulement, et avec raison, qu'il s'y fallait attacher avec plus de netteté et de soin que jamais.

Parmi les formes accréditées, deux modes principaux se définissaient pour lui : le mode populaire et le mode savant traditionnel. Le premier, par

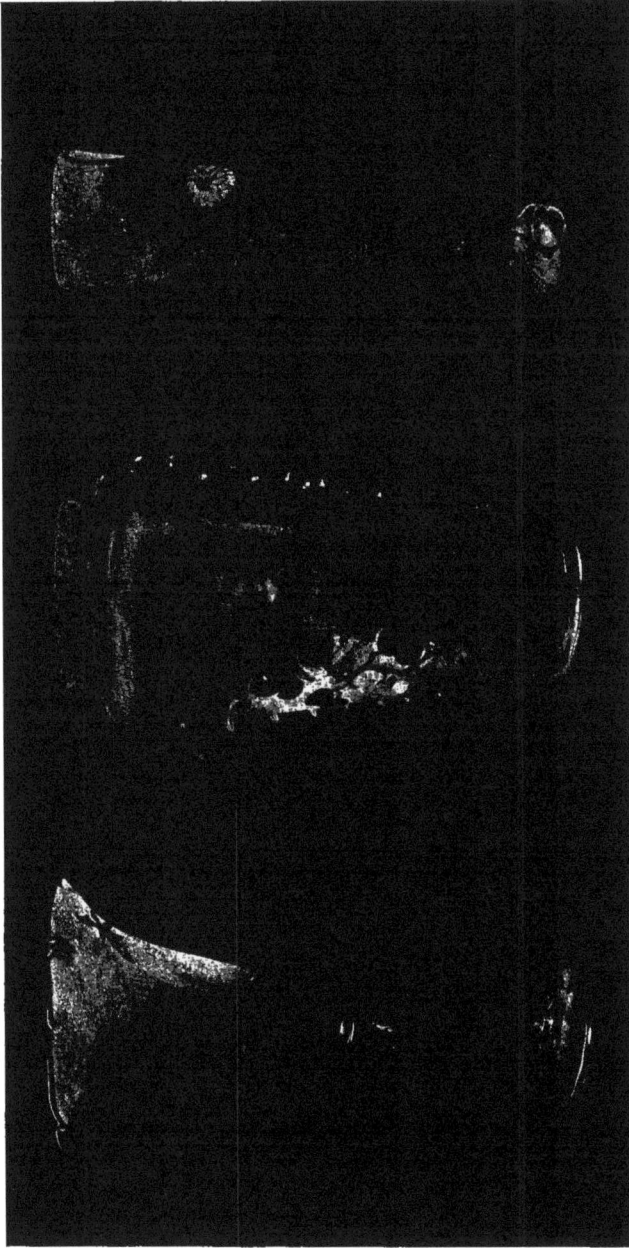

CORNET DE VERRE MOSAÏQUE.   VASE EN CRISTAL ÉMERAUDE.   CORNET EN PATE DE VERRES POLYCHROMES

sa simplicité et sa rusticité mêmes, s'assimile sans difficulté le décor
végétal. Cruches et cruchons, pichets, brocs, bouteilles, gobelets, bols,
terrines, bassins, ont des aspects pleins, des panses, des retraites frustes,
quelquefois des anses ou des crochets propices à de certaines luxuriances
florales. On les regarderait volontiers comme des blocs de terre imprégnés
de sucs natifs, restés féconds sous le travail du potier et d'où surgissent,
en une harmonie réglée qui semble toute libre, de vigoureuses végétations,
accueillantes aux parasites ailés ou rampants. Ce premier mode peut donc
plaire au décorateur épris des expressions d'humble et robuste vérité. Le
second, où prévalent, au contraire, des combinaisons géométriques d'une
subtilité abstraite, élaborées en des écoles, nous met en dehors des
poussées naturelles. Aussi ne suggère-t-il guère que de conventionnelles
ornementations, d'un artifice plus ou moins ingénieux, mais incapables de
nous communiquer la sensation d'une matière active, se décorant, pour
ainsi dire, par sa propre énergie. A des formes ostensiblement déduites
du calcul de lignes géométriquement considérées, pondérées et symétrisées,
les meilleurs maîtres n'ont réussi à rien imposer de vivant, sinon par
d'adroits surajoutages. Or, dès là que M. Gallé entendait faire apparaître la
matière comme douée d'une force végétative interne, spontanément exté-
riorisée, il n'avait que faire des données classiques, formalistes, et suivant
lesquelles le concept du décor n'a chance d'être que guindé et superficiel.

Néanmoins, le répertoire des modèles populaires était trop restreint
et, en bien des cas, de rappel impossible. Afin de se ménager des types
complémentaires, en aussi grand nombre et aussi variés qu'il éprouverait
le besoin d'en avoir, le maître de Nancy prit, à l'exemple des Japonais, le
parti de demander aux végétaux eux-mêmes les éléments du thème plastique
de la pièce céramique ou verrière qui leur devait emprunter son thème
ornemental. C'était s'assurer à la fois une diversité infinie de documents
inspirateurs et un bel accord constant entre les deux thèmes corrélatifs.
Déjà, en 1884, M. Gallé s'affirmait en possession de ce principe. Je me rappelle, à titre de preuve, un vase caractéristique, en verre émaillé et gravé,
inspiré d'une fleur de pissenlit en passe de s'épanouir. La tige, fermement
dressée sur un pied décoré de feuilles incisées au trait et dorées, portait
la coupe, divisée à la surface en pétales, frangée au bord, par places, de
légers pistils, et animée, en son pourtour, d'insectes taillés à vif, aux ailes

4

rehaussées d'or, au corps mat et strié. D'autres pièces, de galbe floral, lobées, évasées, rengorgées, ou mi-closes, se paraient de capricieuses figurations de la fleur génératrice, tantôt franchement tracée à divers états de son développement, tantôt résumée en schéma, tantôt décomposée en ses parties organiques, détachées et ornemanisées. Les fruits, les courges, les pastèques, les gourdes et les coloquintes, fournirent également à l'artiste leurs formes loyales, auxquelles viennent si aisément s'adjoindre les feuillages et les corolles en éclosion. Ni petitesse d'imitation littérale, ni stylisation excessive : une interprétation claire et libre, toujours sûre, éminemment personnelle. Cette interprétation, par la suite, ne fera que s'élargir. Fort de sa science botanique, M. Gallé s'inquiètera de moins en moins des minuties de décomposition. Il finira par ne plus guère présenter la fleur que dans sa masse, d'une puissance d'évocation merveilleusement accrue.

On remarquera que le maître ne croit nullement devoir s'astreindre à la règle par trop limitative de quelques théoriciens, que « tout objet doit s'orner de motifs en rapport immédiat avec son usage ou d'une signification figurée connue de tout le monde ». Rien de plus rationnel, sans contredit, que d'illustrer un gobelet de grappes de raisin, de feuilles et de vrilles de vigne : une chope, de pousses de houblon et d'épis d'orge ; une tasse à café, un bol à thé, de fleurs de thé, de gousses de café... A quelle monotonie se vouerait, toutefois, l'artiste assez imprudent pour borner son art à de si vite épuisées leçons de choses! De combien de ressources il se priverait à plaisir, en n'ayant jamais égard qu'à des objectivités serviles, lorsqu'il est en lui de donner des impressions morales et décoratives parfaitement accordées à nos humeurs, à l'heure où nous nous servons des ustensiles choisis! Le parti pris d'un je ne sais quel symbolisme floral officiel aurait des inconvénients au moins aussi graves. Nous voulons bien voir la rose exprimer, en son lieu, l'idée de beauté, ou le myosotis l'idée de souvenir; mais pourquoi s'asservir à l'emploi systématique d'emblèmes banalisés, quand la bonne nature livre de toutes parts à nos admirations, à nos interprétations personnelles, tant de formes exquises, susceptibles de se prêter à nos desseins d'expression ? Il n'est pas nécessaire qu'une expresse signifiance idéale ait été assignée à un végétal, en de sacramentels et arbitraires *Florilèges*, pour qu'il la puisse prendre au nom d'un décorateur poëte. L'artiste retient de toutes les plantes, humbles ou superbes, ce qui l'en a charmé. Chacune, par la physionomie qu'il lui a donnée en son œuvre, nous fait confidence d'une part de son rêve. En la réalité de chacune son âme s'est insinuée, à la fois extasiée et active, intimement transfigurante. J'ignore si l'on a jamais songé à faire un symbole de tendresse du rose et cordiforme dielytra ; je vois cette fleur singulièrement tendre en certains vases de M. Gallé. De diverses représentations faites par lui de la scabieuse, de la violette, de l'anémone des bois, il me reste un sentiment de mélancolie très douce. D'amples orchidées, largement épanouies sous sa main, ont rendu témoignage des joies éclatantes de la terre, et d'autres, plus dentelées, frisées, découpées, splendidement perverties aux officines des jardiniers à la mode, se sont nuancées d'impériaux et troublants orgueils. Les « simples », qu'il se plaît par dessus tout à nous montrer, m'initient aux candeurs heureuses de la vie cachée. M. Gallé, dans une de ses inscriptions, si nombreuses aux surfaces de ses compositions et par

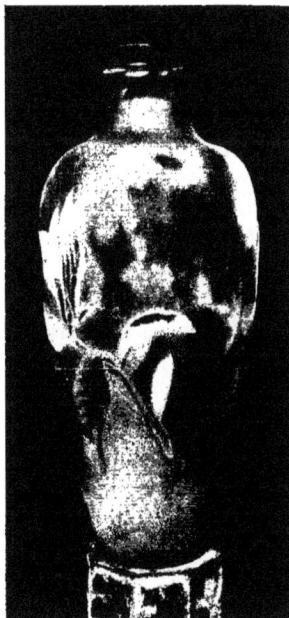

« LES BLANCS SOLEILS D'AUTOMNE. »
Vase en cristal gravé.

lesquelles se fond sa pensée en l'harmonie des choses muettes, a fait intervenir de religieuses paroles, semblables à une profession de foi et à un acte d'espérance : *Simplices permanebunt in terra* [1]. Aussi bien, pas un bouton, pas une fleurette qu'il n'associe, en quelque moment, à ses bonheurs, à ses enthousiasmes, à ses abattements, à ses élévations intérieures et à ses conceptions, qui en sont l'émanation directe. Il aime l'infini du

1. *Proverbes de Salomon.* v. 60.

monde d'un pieux amour ; il l'humanise en lui comme il s'universalise
en la nature. Son symbolisme, libre et ornemental, est tout d'émotion
spontanée.

Mais, si prépondérante que soit, en sa magistrale production, la part
du végétalisme, le règne animal n'y est pas sans jouer un rôle. Je me
rappelle un petit pot à violettes inspiré du corps d'un scarabée ; des vases
déduits de la volute des escargots et du cornet des coquillages ; une belle
corbeille à fruits imaginée d'après une coquille et que de moindres coquillages surdécoraient... L'insecte, reproduit le plus souvent à titre épisodique
et complémentaire, fournit, à l'occasion, l'argument complet d'un décor.
Un vase en verre émaillé et gravé, contemporain de la coupe au pissenlit
ci-dessus visée, répond, par exemple, à ce sujet : *La création de l'insecte*.
Sur des médaillons à fond d'or y apparaissent des lépidoptères, stylisés et
grandis, et, plus bas, des membres d'insectes, traités en ornements, se
rangent en ordre de bordures. Ailleurs, c'est un vol de noctuelles ou le
frôlement d'une libellule au miroir à peine ridé d'un lac. En diverses études
assez récentes de l'artiste, j'ai pu surprendre une préoccupation des infu-
soires et de ces impondérables animalcules, aux aspects déconcertants de
fantaisie et de grandeur, que seul laisse percevoir un puissant microscope[1].
Les intérieurs d'eau, les profondeurs de mer, abîmes d'immémoriale hantise,
qui passionnèrent, au plus lointain de l'histoire, les potiers et les orfèvres
mycéniens et, plus tard, les Japonais, l'ont courbé vers leurs mirages à
plus d'une reprise, et nous en avons la preuve en ces pièces d'épais cristal
où il a fait transparaître des algues flottantes, des nautiles, des poissons
nageant, jusqu'à des poulpes en combat... Aux fossiles eux-mêmes il a
réclamé des suggestions de formes et de détails caractéristiques pour ses
intailles[2]. N'y a-t-il pas souvent en lui quelque chose du mystique natu-

1. Je lis, à ce propos, dans le discours de réception de M. Émile Gallé à l'Académie Stanislas de
Nancy, *Le décor symbolique*, les déclarations suivantes : « Les secrets de l'Océan, les braves sondeurs
nous les livrent. Ils vident des récoltes marines qui des laboratoires font des ateliers d'art décoratif,
des musées de modèles. Ils dessinent, ils publient pour l'artiste les matériaux insoupçonnés, les
émaux et les camées de la mer. Bientôt les méduses cristallines insuffleront des nuances et des galbes
inédits aux calices des verres ». Ce discours est d'ailleurs à lire d'un bout à l'autre, au point de vue
de l'esthétique de l'artiste.
2. M. Gallé a porté, par occasion, la curiosité du préhistorique jusque dans ses œuvres de bois.
A l'Exposition de 1889, il logeait une partie de ses envois dans un grand kiosque de hêtre sculpté
« inspiré de la flore paléontologique ». Les profils des colonnes et les sculptures rappelaient tous les
végétaux fossiles ou ceux qui ont laissé leur empreinte dans les houilles : les prêles, les calamites, les

ralisme d'un Bernard Palissy, le fervent huguenot qui ne voulait rien délaisser, en son art, de ce qu'il a plu à l'auteur du monde de créer, et jetait ce cri vers Dieu, en lisant le psaume CIII : « *A la mienne volonté, que nous eussions les œuvres de tes mains en telle révérence, comme le Prophète nous enseigne en ce psaume*[1] ».

Que si l'on se souvient, à présent, de ce que nous avons dit des curiosités de cycadées, les sigillaires, etc. Il n'est pas sans intérêt de savoir que l'artiste, aux cours du docteur Godron, a été le camarade de M. Zeller, l'auteur de *La Flore paléontologique*, devenu professeur à l'École des Mines.

1. Cf. Bernard Palissy : *La Recepte véritable* (La Rochelle, 1563). — Les écrits de l'*Inventeur des rustiques figulines* nous font juger de l'étendue de ses recherches sur la physique, la chimie, la géologie, la nature des eaux, l'origine des coquillages fossiles, la formation des pierres et leur coloration par des oxydes, la genèse des cristaux, l'élaboration des émaux..... — Voir, sur ces sujets, ses *Discours admirables de la nature...* (Paris, 1580). — On sait qu'il a multiplié sur ses plats, ses coupes et ses aiguières, les crustacés, poissons, orvets, insectes, lézards, grenouilles, coquilles, feuilles de fraisier, d'arbousier, de pimprenelle, etc., le tout « coloré au naturel ». — Sur ses visées d'art strictement naturaliste, cf. *Le Devis d'une grotte pour la Royne Mère du Roy*, publié par B. Fillon (*Lettres de Vendée*). Nous y notons, entre autres particularités, comment il entendait

CRISTAUX MARQUETÉS SUR PATINE ET BROCHAGE.

y montrer ses poissons d'émail au contact de l'eau. — Sur son goût, essentiellement protestant, des

M. Gallé pour les gemmes et pierres fines, dont la vue lui fait désirer
toujours davantage de ses creusets, on se rendra compte de sa dette
envers le règne minéral. En fait, son art naturaliste est redevable de ses
magies aux trois règnes de la nature et aux quatre éléments. Le végétal et
l'animal lui suggèrent des dessins d'ensemble et de décor expressivement
homogènes ; le minéral l'aide à composer des matières propres à incarner
ses pensées et à revêtir ses visions de somptueuses enveloppes. La terre
lui livre ses argiles, ses grès, ses silices, ses métaux. Le feu violent amène
à la vie définitive ces poussières viles, ces pâtes incertaines qui sortent des
atmosphères de brasier blanches et pures comme l'eau et comme l'air, ou
noyées d'ombre comme un ciel nocturne, ou illuminées de couleurs, ruti-
lantes de pierreries comme un diadème de roi. Et ce qui prime tout, en
tout et toujours, en son esthétique compréhensive et sensitive, en son
invention subtilement naïve et librement savante, c'est la notion de l'har-
monique unité du monde, organisme démesuré où tout a sa mesure exacte,
sa fonction utile, sa raison d'être absolue et sa valeur de relation ; — c'est
le sentiment affermi de la participation de tous les êtres à l'accomplis-
sement sans fin des destinées ; — c'est la conscience que la pénétration de
tels secrets n'appartient qu'à l'homme, supérieur aux autres créatures en
ceci qu'il comprend, compare, expérimente, juge et se sert des propres
documents de la nature pour rendre témoignage de ses propres pensées.

Nous connaissons à présent les origines des formes et des décors
habituels à M. Gallé. Il nous reste à étudier ses principales techniques de
céramiste et de verrier et à indiquer ensuite comment, s'étant adonné,
dans un troisième avatar, à l'ébénisterie et à la marqueterie, il a fait
bénéficier le meuble de ses vues novatrices.

inscriptions bibliques, voir, dans *La Recepte véritable*, les sentences préparées pour les divers
cabinets formant comme les stations du jardin idéal conçu d'après le psaume CIII. Ces souvenirs
hanteront fatalement quiconque étudiera l'œuvre de M. Gallé.

III

L'ŒUVRE DE TERRE

Rien d'original et de profond ne se conçoit, en art, que par la vibra-
tion du sentiment individuel en présence des faits. L'art est la résonance
d'une personnelle sensibilité au contact du réel. Rien ne se réalise en

FAÏENCES ET GRÈS INCISÉS SOUS ÉMAUX.

perfection que par la science et l'expérience. Elles seules adaptent les
techniques aux idées, résolvent les problèmes, ajustent les substances
aux effets voulus. Impatient de donner à la faïence stannifère de neufs
et significatifs agréments, M. Gallé s'était heurté tout de suite à la pau-
vreté des moyens usuels. La poterie de terre ne se prête pas comme la
porcelaine, pâte blanche, siliceuse, à sous-couverte alcaline, à l'éclat des
couleurs transparentes ; mais, sous des parures opaques, elle prend des
aspects spéciaux, partant non négligeables. Son caractère sérieux et simple,
son esprit familial et familier, son origine toute populaire, la multiplicité
de ses appropriations la rendent aimable et digne de respect. Les émaux

d'étain qui lui conviennent sont gras et coulants ou secs et déliés, et nulle
raison plausible n'interdit d'user de leurs contrastes sur une même pièce.
Pourquoi s'en tenir à d'invariables et limitées formules de peinture sur le
cru et de décor sur le cuit, à grand ou à petit feu, à l'heure où tous les
désirs s'excitent ? Pourquoi se restreindre à quelques pâtes d'émail teintées
dans leur masse par des oxydes, comme l'azur des Persans, comme le bleu
et le jaune jonquille des Nivernais, lorsque la chimie nous prodigue des
ressources de variété ? Pourquoi souffrir sur la palette des tons grossiers,
criards ou sourds, tandis que, manifestement, le goût s'épure ? L'artiste de
Nancy, pour venir à bout de ses programmes, a besoin de colorations
nombreuses et nuancées, utilisables à grand feu sur le biscuit de faïence,
en manière de fonds étendus ou de rehauts partiels. Il mêle donc à son
émail, en des proportions longuement étudiées, des oxydes de cobalt, de
fer, de cuivre, des bioxydes de manganèse, des chromates d'étain... Ainsi
viennent au jour des tons inédits, bleus, rouges, verts orangés, violets
pourprés, des roux et des fauves d'intensités diverses, des chamois, des
gris chauds, faciles à rapprocher, commodes à employer franchement ou à
mater et à combiner en douceur sur des couvertes translucides. Si leur
mélange est à redouter au cours de la fusion, on les logera en des cloisons
creusées à l'outil sur la terre verte, ou bien on les enclora de filets
saillants, obtenus d'avance au moule, à l'exemple des plaques de carrelage
hispano-mauresques, ou ménagés à la barbotine. Grâce à ces procédés,
nous voyons sortir des fours de M. Gallé une profusion de vases, cruches,
pichets, cachepots, jardinières et objets de fantaisie d'une brillante nou-
veauté, où, quelquefois, la terre ferrugineuse se montre par places, laissée à
nu, simplement illustrée de dessins gravés à la pointe. Inutile d'ajouter que
cette production ne nuit en rien à la création de beaux services de table. Des
ensembles de vaisselles tels que le service des chasses, animé de figurines,
de cerfs, de daims, de faisans, de perdrix, et le service aux branches
de fleurs ornemanisées, accompagnées de devises, nous en sont garants.

Mais il est possible de traiter la poterie d'autres façons, et le maître
faïencier n'y fait faute. Il s'avise notamment de la revêtir de couvertes
plombeuses colorées par des oxydes en accord avec les émaux qu'elles
enveloppent de leurs reflets. Au besoin, pour compléter les harmonies, il
recourt aux couleurs majoliques sous couvertes plombifères, ayant pour

« LES PARFUMS D'AUTREFOIS. »

Meuble de salon.

principe de ne jamais renoncer à aucun moyen de bon aloi en s'ingéniant à augmenter constamment ses ressources. La vue de pièces chinoises à coulures lui suggère, presque aussitôt, de poser son émail sur des trempés de fusibilité extrême, de nature à le faire jouer en des fonds coulés, lavés, brouillés, marbrés, mouchetés, éclaboussés de tons curieusement entraînés et projetés en se liquéfiant. Il lui advient, à ses commencements, de reproduire, en des fonds de cet ordre et sur un champ d'émail laiteux, légèrement azuré, des motifs traditionnels bleu clair, relevés de rouge Thivier, à la mode de Rouen, ou de traits d'or, à la mode de Delft. Je rappelle, au surplus, que les bergers de Téniers, les reîtres de Callot et, généralement, les personnages, ont vite disparu des œuvres où M. Gallé a mis le meilleur de soi-même.

VASE.

Après 1889, on ne rencontre plus guère la figure humaine dans aucune des branches de sa production. C'est comme un vœu de complet renoncement qu'il a fait à l'enveloppante et très humblement puissante nature, si longtemps oubliée. A peine, ces dernières années, a-t-il été pris, deux ou trois fois, pour des conceptions d'intailles, du regret de l'être humain, en des intentions dont je parlerai plus loin. A l'endroit des couvertes plombeuses, j'ai gardé un particulier souvenir d'un bassin exposé en 1884, où l'émail blanc s'alliait à l'un de ces revêtements noyés, colorés de cuivre et de manganèse, sans envahir une zone de terre restée vierge, incisée seulement de quelques ornements végétaux.

Cependant, des pièces de petit format, sans rapport avec la décoration systématique d'un appartement, réclament des enrichissements d'une finesse plus caressante et plus subtile. Des porcelaines et des vernis mous de la Chine l'induisent à les demander à des émaux stannifères de petit feu. Il en crée de deux sortes : d'opaques, à base d'oxyde d'étain, et de translucides, fondants et colorés, à base de minium, de borax et de sable. Ces délicates matières se broient à l'eau, se rebroient à l'essence, se posent au bout d'un long pinceau. Je citerai, comme exemple de leur emploi, un cruchon rouge rubis de grand feu, tacheté de jaune et brodé d'une ornementation au petit feu, dérivée du lys martagon. Les mêmes émaux légers

5

interviennent à ravir sur un drageoir à fond de grand feu, en une bordure inspirée de la scabieuse de Tartarie.

Il sied, enfin, de tenir compte de plusieurs techniques accessoires et complémentaires. Des feuilles d'or, d'argent ou de platine, sous couvertes colorées, sont posées à plat ou appliquées sur des reliefs d'ornements gravés. Des paillons ou poudres métalliques font crépiter dans les mêmes conditions leurs étincelles. Des motifs de fond sont imprimés sur la terre fraiche. La gravure au touret mord le biscuit et l'émail lui-même. C'est par séries qu'on pourrait énumérer les ouvrages enrichis par ces pratiques de supplément. Tel porte-bouquet chamois, à fond coulé, arbore des rosaces blanches et bleues et frappées d'or. Tel autre, à fond chocolat clair et à couleur café au lait, associe la poudre d'or à des émaux rose chair et noir. Une petite buire en émail brun, nuagé de jaune, portant une inscription implorant la conservation de la porte Saint-Georges, à Nancy, se borde d'émaux de petit feu rose crevette et rouge sur fond aciéré, et se pare de gravures au touret, argentées et dorées[1]. Un seau à fleurs, à fond de grand feu de couleur bronze, de forme sphérique et orné d'inflorescences et de fructifications du pissenlit, présente, sur sa surface, un motif répété, tiré des graines de la plante et imposé par impression sur la terre molle. Les parties gravées du décor mettent le biscuit à découvert. Un trait profond, du ton de la terre, cerne les fleurs et les feuillages exécutés en émaux et ors de grand feu. Je ne crois pas devoir prolonger ces nomenclatures.

Il suffit qu'on ait pu prendre conscience des originaux procédés et des conquêtes technologiques du maître de Nancy dans la céramique, comme on avait pu, précédemment, se former une idée de ses méthodes de composition[2].

1. Cette petite cruche implorante, d'une si remarquable exécution, appartient à M. Antonin Proust, président de la Commission des monuments historiques en 1884. Elle contribua grandement à sauver la porte Saint-Georges. Voici l'inscription qu'on y peut lire : « *Je suis un petit cruchon manqué. — Je suis né bien avant terme. — Ma mère, estant cruche d'art, prit peur, — le jour qu'en défi la porte Saint-Georges. — Vieillesse est fin. — Jeunesse est en grâce. — Ce Proust me puisse sauver !* »

2. Les pièces visées dans le § III ont, toutes, paru à l'Exposition de l'Union centrale en 1884, et à l'Exposition universelle de 1889. M. Gallé envoyait encore au Salon du Champ-de-Mars, en 1892, un *Corbillon en émail coulé*, « plantes de capillaires et de saxifrages émaillés sous la cascade d'émail ruisselant », et *Fruit de pensée*, « petit vase flambé à intailles, en forme de capsule de pensée des champs ». Voir sa note sur ses envois au Salon. *Revue des Arts décoratifs*, 1892, p. 333 et suivantes.) Depuis lors, sans déserter la céramique, il s'est principalement consacré au verre et à l'ébénisterie. — Sur les techniques de poterie du maître nancéien, voir les grandes notices sur ses œuvres présentées aux jurys des deux expositions précitées (1884, 1889).

IV

L'ŒUVRE DE VERRE

J'eus, un soir d'été, au dernier éclat du soleil, la bonne chance de pénétrer dans le petit atelier où M. Gallé conserve quelque temps en observation ses pièces de verrerie en voie d'achèvement et susceptibles de recevoir, peut-être, un perfectionnement suprême. Il y avait là, s'isolant sur des socles ou disséminés sur des tablettes, à diverses hauteurs, s'offrant en réflexion et en réfraction aux jeux de la lumière, vingt-cinq ou trente vases, tous de forme végétale, et tous différents. Une coupe jaune, ensanglantée de rouges marbrures, frappée à revers d'un rayon qui la traversait, brillait d'une intérieure lueur de veilleuse gardienne d'un mystère. Une urne s'empourprait d'une pourpre de feu couvert, pleine d'étincelles endormies. Un cornet blanc comme nacre se nuait de rose chair, de mauve et de vert pâle. De l'opacité relative d'un vase bas, cylindrique et massif, tout d'ombre fauve, s'arrachaient des végétations chercheuses d'air et de jour. Des verres glauques enfermaient des germes visibles, en bulles, en souffles. Les couches de matières superposées jouaient, les unes sur les autres, amincies, déchirées par place, striées, mordues de traits vifs, s'ouvrant à des incrustations, se fondant en reflets. Çà et là, l'améthyste, l'opale, la topaze brûlée, le saphir clair, souriaient, dans leur douceur blonde, à l'éclair saignant d'un rubis, au vert scintillement d'une émeraude. L'émail onctueux s'était coulé, parfois, au creux des gravures, et, parfois, il déployait à la surface de chatoyantes broderies. Et tous ces vases, fleurs et fruits du jardin magique, formes chantantes aux voix apparues et non entendues, pures expressions d'inexprimables rêves, unissaient à la finesse inaltérable des pierres dures le satiné des pulpes florales, le velouté de la prune ou de la pêche, le moelleux de la chair, le flottant du nuage... La chambre n'était meublée que d'une table et d'une chaise. Sur la table s'éparpillaient des brins de verdure, des croquis, des feuilles de papier noircies d'écritures serrées, chargées de formules de chimie et de versets bibliques, de vers de poètes lus et relus. Mes yeux y

tombèrent sur cet oracle du roi psalmiste : *Habite la terre et t'y nourris
de vérité;* sur cette aspiration de Marcelline Desbordes-Valmore : *Béni soit
le coin sombre où s'isole mon cœur!* et sur cette noble pensée de M. Mæter-

« NOUS CHASSERONS LA GUERRE ET LE MEURTRE A COUPS D'AILES. »

(V. HUGO.)

linck : *Une chose belle ne meurt pas sans purifier quelque chose.* Étaient-ce
là les éléments des incantations dernières, d'où avaient surgi en impressions cristallisées, en synthétisés mirages, ces vases d'un si rare attrait?
Avec un peu d'imagination, on l'eût pu croire. Mais de quels soins minu-
tieux, de quelles difficultés vaincues témoignent, en réalité, de tels
ensembles aussi naturels, à l'apparence, que les floraisons du printemps?

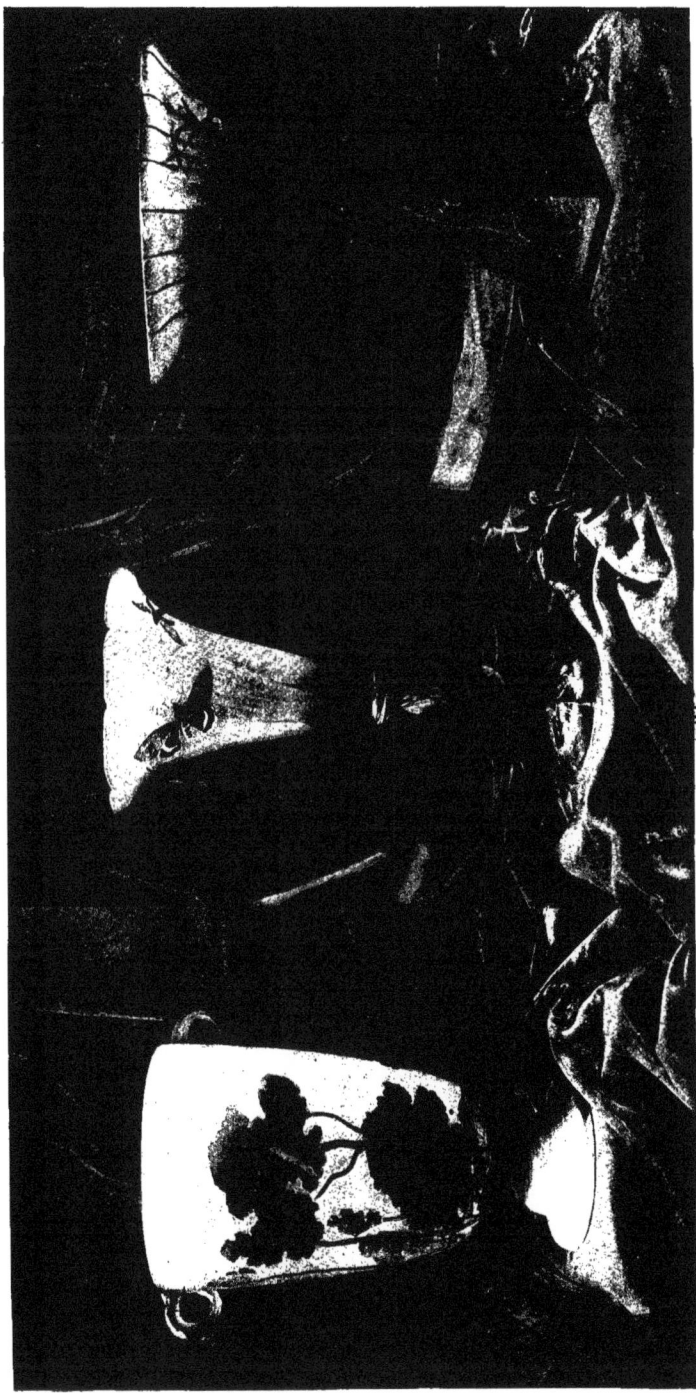

« Paysage de verre. »　　　Cornet « Volubilis et phalènes diurnes ».　　　Grand cornet en pâte de verre mosaïqué et ciselé.

Devant cette poignée d'œuvres parfaites, mais récentes. ne représentant, en somme, qu'un court moment des recherches de l'artiste, je me pris à penser au nombre incalculable de joyaux de verre, jetés depuis quarante ans par M. Gallé vers les quatre points cardinaux. Si l'on pouvait revoir aujourd'hui en un seul milieu et d'un long regard continué tout ce qui a passé successivement sur les socles et sur les tablettes du petit atelier de Nancy, on aurait mieux que l'éblouissement d'un conte des *Mille et une nuits* et que l'irradiation des lampes merveilleuses. L'extraordinaire unité des vues du maître apparaîtrait exemplairement à travers l'afflux des leçons prises, des expériences faites. des innovations tentées, des résultats atteints, des ambitions surgissantes, des applications infinies. Avec M. Gallé, jamais rien n'est remis en question, mais toujours des questions imprévues naissent et se résolvent. Pas une conquête n'est abandonnée; seulement, d'autres conquêtes s'ajoutent aux premières, et toutes se complètent, toutes se poussent en avant. A peine affranchi des vaines traditions de sujets, affermi en son goût personnel, M. Gallé n'a plus tendu qu'à fondre ses plus intimes pensées en des manifestations de vérité résumées, tirées de la propre vérité des choses. J'ai donné naguère, en mon cours de l'École nationale des Beaux-Arts, une définition de l'Art dont quelques-uns m'ont fait l'honneur de garder mémoire. « L'art est le culte extérieur que l'homme rend à ses idées, en présence et avec l'aide de la nature. » Personne ne la justifie plus exactement que l'admirable verrier lorrain. Comme Nicolas Poussin, qui arrivait à ses fins « à force de ne rien négliger », il fait compte de tout, d'une sagacité tenace. Les verres antiques de la célèbre collection Gréau, les verres chinois à plusieurs couches du xviie siècle, les données les plus immémoriales et les accommodations les plus nouvelles ont été ses points de repère. Il s'est servi de tout pour aller plus loin et faire autre chose, à sa façon. Que d'obstacles à surmonter, d'étape en étape ! Comment régler la densité des verres, afin de ne les rapprocher qu'à coup sûr? Comment doter un vase d'un double effet harmonieux, suivant qu'on le regarde à la lumière réfléchie ou à la lumière réfractée? Comment multiplier les couleurs de masse et les nuances de rehaut superficiel? Comment reproduire à volonté les accidents du quartz et ses cassures diamantines, les veinages ondés des sardoines, des onyx et des jaspes florescents ou sanguins; arracher du creuset des pâtes de lapis, de malachite et d'hyalite d'un noir profond, douées, en dépit de tout, d'une survivance de translucidité vitreuse; créer des nacres et des coraux, des ambres, des écailles, des aventurines pailletées d'or; susciter, au cœur des vitrifications, des bouillonnements qui s'y emprisonnent; enclore des feuilles de métal entre des lames de verre en incandescence; oxyder ou désoxyder ceci, granuler ou craqueler cela; ménager des parties à graver et des parties à émailler; rendre, au demeurant, les durs cristaux propres à exprimer des plantes, des bêtes vivantes et des idées humaines? Et ce ne sera point assez de la possession de tous ces secrets scientifiquement déduits : il y faudra joindre des inventions d'outillage, des initiatives de tours de main. La traduction du concept poétique n'est qu'au prix de ces labeurs préliminaires et de ces adresses soutenues. M. Gallé nous a donné des chefs-d'œuvre, comme le vase en cristal clair souillé de nuées de ténèbres, intaillé des figures de la Nuit, du Silence et du Sommeil; comme la coupe offerte, jadis, au grand Louis Pasteur, et qui semble recéler, en ses épaisseurs brouillées, livides, effleurées de clartés flottantes, toutes les terrifiantes et fourmillantes énergies du monde bacillaire; comme le Graal de *Parsifal*, royal calice d'ambre doré, empli et baigné d'un sang vermeil, digne des mains d'un Joseph d'Arimathie ou d'un Titurel, — comme les urnes aux fleurs d'agate rose sur un fond d'agate moussue, appartenant à l'empereur de Russie....[1] S'il a pu si totalement y faire vivre la poésie de ses visions, ce n'est pas uniquement parce qu'il a l'âme d'un poète; c'est aussi parce qu'il a le savoir pratique et la dextérité ingénieuse d'un grand verrier.

Je ne peux songer à donner ici l'énumération complète des procédés imaginés ou perfectionnés par le maître nancéien pour la préparation de ses verres. Il y faudrait préluder en traitant des qualités comparées des pâtes à composition plus ou moins potassique, sodique ou alcaline, des propriétés du cristal ou verre plombifère, des pouvoirs de réflexion et de réfraction de chaque série, des densités et des aptitudes des matières à se

1. Le vase de la *Nuit*, intaillé d'après une composition de M. Victor Prouvé, a figuré à l'exposition de 1884. — Sur la coupe Pasteur, commandée par l'École normale supérieure pour fêter la soixante-dixième année du grand homme, et exposée au Salon du Champ de Mars en 1893, cf. la notice publiée par M. Gallé lui-même *L a genèse d'une œuvre d'art.*, dans la *Revue encyclopédique* du 15 mai 1893. — L'admirable Graal a paru, ainsi que son tabernacle de marqueterie, au Salon du Champ de Mars de 1894. — Les urnes roses agatisées, montées en orfèvrerie par Falize père, ont été offertes à S. M. Nicolas II par la Ville de Paris, le 6 octobre 1896, à l'Hôtel de Ville.

souder et à se décorer. Nous serions entraînés, ensuite, à l'analyse des

«CATTLEYA», VASE OFFERT A S. M. L'IMPÉRATRICE DE RUSSIE.

substances colorantes et des effets qu'on en peut attendre selon les modes
d'emploi, les conditions atmosphériques et les tours de main. Tout au plus

me sera-t-il possible de faire entrevoir quelques-uns des résultats acquis
par le praticien au profit des ambitions de l'artiste. Rappelons-nous, avant
tout, que M. Gallé est parti de la gobeleterie de table, à laquelle son père
s'était d'abord adonné. Jamais il n'a renoncé à cette production d'utilité
somptuaire qu'il a fait participer, dans une large mesure, à ses principales
innovations techniques. Dès 1878, il mettait en circulation un service d'un
verre saphirisé par l'oxyde de cobalt, et nommé *verre clair-de-lune*, constamment imité depuis [1]. D'autres verres unis, également convenables aux
ustensiles de grand ou de petit couvert, suivent de près, empruntant au
soufre, au cachou, aux oxydes de fer, de cuivre, de chrôme, d'urane, de
manganèse, leur ton brun, fumé, verdâtre, vert prasin clair, ambré, rouge
pourpre. Ces flux vitreux, vite solidifiés en formes légères, le plus souvent
d'inspiration végétale, deviennent gobelets, calices, coupes, aiguières,
brocs, carafes, flacons, bols et jattes, aux types rebondis ou simples, lobés,
côtelés, cannelés, torcinés, relevés de bagues et de cabochons de rapport,
égayés de tailles, de stries, de parties givrées, de motifs gravés, de détails
émaillés, voire de discrètes dorures, harmonisés pour des ensembles pré-
conçus où prévaut la franche translucidité du ton fondamental. Cette
catégorie d'œuvres pratiques de M. Gallé mériterait d'être envisagée à
part. Rien de comparable à cette gobeleterie de fête, qui s'irise, s'endia-
mante, tamise des rayons, en fait pétiller d'autres et rit aux lumières de
la table.

Mais la création de ses pièces purement décoratives incite l'artiste à
des combinaisons bien autrement compliquées. Tous les oxydes entrent en
jeu, et de toutes les façons, pour la coloration de ses pâtes. L'or, l'argent
et le platine sont mis à contribution à différents états. Au besoin, M. Gallé
use des substances métalliques les plus rares et les plus coûteuses, comme
le thallium et, pareillement, l'iridium, dont on reconnaît plus que des traces
aux marbrures des urnes roses de l'empereur de Russie. Il fait sortir du

1. C'est le verre bleu appelé *moonlight-glass* en Angleterre, *mondschein* en Allemagne, et devenu
partout de fabrication courante. — Je profite de l'occasion pour signaler les imitations des émaux
translucides de M. Gallé, présentées en 1884, des décors assez vulgaires et d'une matière sans
relief, par la verrerie Ilekkart, en Silésie. — L'Exposition de 1900 nous a montré, en quantité, de véri-
tables pastiches en tous genres des œuvres du verrier lorrain, envoyés de partout, mais principalement
de l'Allemagne et des pays du nord. — Reconnaissons, d'ailleurs, que les journaux techniques de
l'Allemagne et de la Bohème ont comblé d'éloges l'initiateur français Berlin, Leipzig, Cobourg, etc.).
Cf. tout spécialement l'ouvrage de M. Pazaurek, *La verrerie moderne*.

creuset des matières colorées d'avance, plus ou moins translucides ou opacifiées à dessein pour constituer des vases à plusieurs couches, et ce sont des noirs d'hyalite à dessous nuagés de verdâtre, des verts de marbre antique, fournis par le chrôme, des blancs d'opale, de nacre et d'albâtre, des jaunes, des rouges, des roses, des violets d'améthyste, et il saura contraindre une masse vitri-fiée, soit à s'ouvrir à l'action interne des moyens chimi-ques, soit à s'accidenter curieusement au dehors. Des influences, tantôt réductrices, tantôt métallisantes, ména-gées dans l'atmosphère des fours, provoquent et immo-bilisent, en la pâte incandes-cente, des bulles à reflets argentés ou claires comme des bouillonnements d'eau, font affleurer de subtiles gouttelettes, verruquent des parois à la manière de l'écorce de certaines courges, fixent des irisations changeantes. En des occurrences détermi-nées, la suroxydation du manganèse se résout en un brillant mouchetage truité. Tels verres, soumis à des projections ou à des interpo-

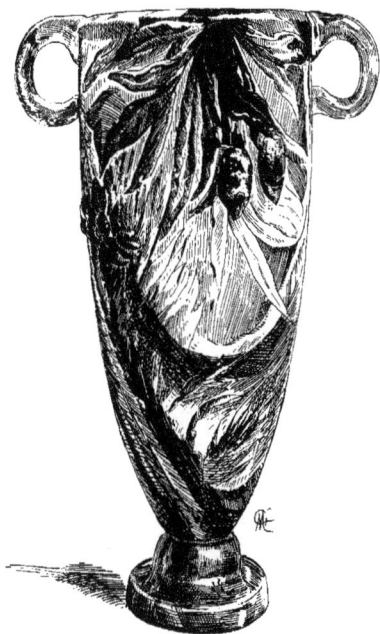

« PLUS DE GUERRE, PLUS DE SANG. »

(V. HUGO.)

sitions d'éléments spéciaux et à des malaxages, se jaspent, s'agatisent, s'arborisent. Qu'on triture des pâtes mélangées de bichromate de potasse et d'oxydes de fer, de chrôme ou de cuivre, qu'on y introduise des agents de trouble en poussière impalpable, et qu'on glace les veinages, après coup, d'une couverte diaphane, on aura des jades, des sardoines, des onyx de choix. D'une pâte jaune criblée d'un groisil d'opale et de verre rouge au protoxyde de cuivre, se dégage une chaude nuance d'écaille blonde, tachetée de rougeâtre et de blanc. Un mode d'incorporation de rubans d'un verre jaune pâle au soufre dans un verre ambré motive une agatisation rubanée, à l'aspect d'algues marines. Le verrier présente à l'ouvreau des pièces préalablement semées d'oxydes et de fondants surbroyés, et elles se flambent ou se marbrent triomphalement. La pourpre de Cassius, mêlant aux sels d'or le protochlorure et le bichlorure d'étain, engendre, avec un variable éclat selon la composition des pâtes, des rouges bruns, un violet rougeoyant et, aussi, des tons orangés sous la lumière directe, pourprés en transparence. Un autre précipité d'or a procuré au verre sodique des nuances groseille, brunes, bleuâtres, violacées. Sous l'action désoxydante de vapeurs de charbon, un vase, sablé d'éléments cupriques, s'enveloppe d'un brun rouge, étoffé, en réfraction, d'un bleu indigo, tandis qu'exposé, à plusieurs reprises, à d'oxydantes influences, il passe à un jaune piqueté de gouttes de sang ou s'assombrit et se brouille de rougeurs fauves. Un cornet brun, flambé à l'antimoniate de plomb, a resplendi comme une orange glacée de rubis cuivreux. J'en ai dit assez, ce me semble, sur les richesses d'effets thésaurisées, au bénéfice de l'art, par une science toujours en haleine et en labeur[1].

L'artiste possède, à présent, les matières constituantes de ses œuvres. Il les emploie isolément ou doublées, triplées et quadruplées ; de même, il les associe partiellement à sa convenance, soit dans la masse, soit par des soudures de détails ; il les soumet à toute sorte d'actions et de réactions chimiques, y développe des bullages et des apparitions intérieures d'agates arborisées ou moussues et de plantes de mer, y intercale des feuilles métalliques, y répand des poudres d'argent et d'or, et des fragments d'amiante ou de mica, en maîtrise enfin l'épaisseur et les surfaces. C'est à ce point d'aboutissement qu'interviennent les agents décoratifs particuliers : la gravure, l'incrustation ou marqueterie de verre et l'émaillerie. D'une façon générale, la remarque doit être faite que, jusqu'aux environs de 1889, M. Gallé se plaît aux quartz transparents, se voilant, par places,

---

1. Cf. les notices de l'artiste sur ses envois de verre à l'exposition de l'Union centrale en 1884 et à l'Exposition universelle de 1889, rédigées à l'intention des jurys ; — le rapport de M. Victor de Luynes sur la verrerie, à l'Exposition universelle de 1889 ; — l'ouvrage de M. Jules Henrivaux, directeur de la manufacture de Saint-Gobain, *Le verre et le cristal;* — Pazaurek, *La verrerie moderne*, etc., etc.

de teintes fortes et de nuages noirs, mais triomphant en clarté blanche ;
après 1889, ses préférences s'accen-
tuent pour les verres plus résolu-
ment affiliés aux gemmes marmo-
rescentes, et, vers 1897, son humeur
lui fait élire souvent des matières
mates, opalines ou laiteuses, des
blancs nacrés, des tons bleu clair,
vert éteint, jaune évaporé, rose
tendre, mauve léger, vert pâle,
avec quelque chose des harmonies
de la manière suprême de Puvis
de Chavannes, en ses peintures du
grand escalier de l'Hôtel de Ville
de Paris et de l'escalier de la biblio-
thèque de Boston. L'aiguière et
le bassin de baptème, et le vase
aux marguerites et aux lys poin-
tillés d'or, commandés pour Mme la
princesse Marguerite de Chartres,
à l'occasion de son mariage avec
le duc de Magenta, nous étaient,
au Salon de 1897, des gages de
ces élans vers la joie. Durant la
première période, les intailles à
figures sont assez fréquentes en
ses vases ; durant la seconde, la
gravure se consacre plus expres-
sément à des traductions de végétaux et d'insectes, d'un style
large, ornementalement conduit,
et les *intarsias*, ou floraisons en
« marqueterie de verre » s'in-

« L'ÉTOILE DU MATIN, L'ÉTOILE DU SOIR. »
Cornet cristal, monture bronze.   (V. Heco.)

crustent dans la pâte ramollie pour se modeler ensuite au touret ; au
cours de la troisième, des vases s'offrent aux yeux, doux, mats, épanouis

en tendresse comme des bouquets et ciselés à vives arêtes, en perfection[1].

En principe, la gravure de M. Gallé répugne à l'emploi de l'acide fluorhydrique, mordant brutal, ingouvernable pour fixer des expressions délicates. L'artiste n'en fait qu'exceptionnellement usage afin de ronger quelques parties d'un caractère voulu fruste, de produire, sur des surfaces nues, des effets de réseaux de dentelles, de damassés ou de brochés d'étoffes, de parfaire des tissus végétaux hors de l'atteinte de la molette et d'épandre, çà et là, de flottantes buées. Son outil essentiel est le touret, à la roue de plomb, de cuivre et de bois, utilisé à l'émeri. La dureté des verres potassiques lui a fait créer un touret à molette verticale, dont l'idée lui est venue en étudiant des pièces chinoises du XVIIe siècle, probablement gravées par un moyen analogue. Il arrive ainsi à des érosions profondes, à des dégagements de formes modelées en ronde bosse, à des finesses de camées. Le travail se parachève, s'il est nécessaire, par des lustrés, des matés, des striés à la pointe de diamant, des rehauts métalliques, des applications d'émaux. A travers les couches colorées, le dessin s'accuse en opacité ou en transparence, tenant compte de la réfraction comme de la réflexion, s'avivant au besoin d'un éclat de vitrail, — par exemple dans le vase de *Jeanne d'Arc* (1889). L'exécution est, d'ailleurs, en toute occurrence, si bien ajustée à la matière vitreuse et à ses couleurs que, même pour des pièces où domine l'aspect de sculpture, le moulage en plâtre, selon la juste observation de l'artiste,

CALICE EN PATE DE VERRE.

1. Parmi les œuvres les plus remarquables de l'auteur en matières jaspées, il convient d'ajouter à celles citées au cours de ce chapitre, les vases la *Renoncule des bois*, la *Soldanelle des Alpes* et les *Veilleuses d'automne* (musée du Luxembourg), le vase *Flore fossile* (musée des Arts décoratifs), et le flacon *Sur un thème de Baudelaire*, tous du Salon de 1892; le vase à ramures sombres et à lueurs opalines offert à M. Victor Prouvé par ses amis, et la coupe offerte au compositeur Massenet par le Conservatoire de Nancy, Salon de 1897. — Les verres marquetés ou intarsiés apparaissent pour la

« Renouveau. »

Meuble de salle à manger, d'après la clématite sauvage.

laisserait reconnaître, à ses simplicités et à ses accents particuliers, que les originaux sont œuvres de verre et non d'ivoire, ou de bronze ou de bois.

Rien à dire des intailles à figurines, hormis qu'elles sont traitées de pure main de graveur en médailles. *La Fortune endormie sur sa roue*, de la pendule en cristal de S. M. la reine douairière Marguerite d'Italie, est un spécimen accompli d'intaille enlevée au cœur d'une masse limpide. D'autres scènes se sont liées à des dispositions étranges et souhaitées de marbrures : telles la scène d'*Orphée voyant s'évanouir Eurydice*, évidée parmi de tournoyantes noirceurs évoquant l'image d'un fantastique Achéron, et de *la Nuit, le Silence et le Sommeil*, triple symbole jailli d'une triple veine de ténèbres. En un cristal perlé de soufflures intérieures, la fantaisie s'est imposée au verrier de graver des femmes et des enfants soufflant des bulles de savon, suivant un croquis de M. Louis Hestaux. L'ingéniosité de l'artiste profite ainsi de tout. En général, les cartons des rares intailles du maître de Nancy sont dus à M. Victor Prouvé. Depuis 1889, nous avons vu M. Gallé s'écarter des représentations humaines. Une lettre, écrite par lui à son fidèle et cher collaborateur, le 25 janvier 1899[1], nous a révélé son dessein d'y revenir. Il y demandait au peintre, pour un

VASE EN PATE DE VERRE.

vase à fond de cristal blanc, *transparent ou limpide*, à couches combinées de gris, de brun ou de blanc marbré de vert pâle, le projet d'une scène d'hiver. « *Une scène de charité et d'hospitalité rustiques* », où l'on verrait « *un pauvre accroupi, frileux, devant le feu, des oiseaux*

premièro fois aux expositions, au Champ de Mars de 1898, ainsi que les « cristaux brochés ». Cf. la note de M. Gallé : *Mes envois au Salon Revue des Arts décoratifs*, mai 1898 . Mais l'auteur avait précédemment usé de ces procédés en des vases non exposés.

1. Lettre reproduite à la *Revue des Arts décoratifs*, octobre 1901, dans une étude de M. J. Rais sur M. Victor Prouvé.

sur une place sans neige et un chien perdu qui dévore un os. » Cette belle lettre, en laquelle le nom de Puvis de Chavannes est quasi filialement prononcé, montre à quel degré l'auteur noue le souci technique à sa conception première. L'idée n'est pas simplement définie ; les moindres détails de l'utilisation des couches verrières sont prévus. Au thème poétique du bon accueil hivernal répondent, comme forme générale, la pomme du pin, emblème hospitalier, et, comme complément ornemental suggérant l'impression de l'ambiance, des effets de neige tombée, à la saillie du vase, plus des imbrications résineuses ou un schématique vol de corneilles au rebord. Je ne crois pas que l'ouvrage ait encore vu le jour. Par contre, sous le coup d'émotions violentes nées d'événements publics, le peintre exécutait, toujours d'après des inventions de figures de M. Prouvé, et montrait en 1900 une fiole à encre, les *Baies de sureau*, au camée d'un bleu sinistre, stigmatisée d'une effigie de la Calomnie, et un sombre vase incisé de l'hallucinante apparition de l'Hypocrisie, du Mensonge et du Faux. La voie s'est ainsi pratiquement rouverte par des œuvres polémiques vers des évocations nouvelles, destinées sans doute à rester rares, de poétique humanité.

MARQUETERIE SUR VERRE.

Mais l'ornementation du verre comporte encore une ressource dont nous n'avons parlé jusqu'ici que par allusion : à savoir l'émail de verrier, vitrifiable à basse température. L'artiste préludait à peine, en 1878, à ses poursuites de l'émail de relief des Orientaux. Six ans plus tard, il possédait une palette très étendue en tons francs et en demi-teintes. Ses émaux opaques, de facile adhérence et de brillant régulier, colorés par tous les oxydes en rouge, en orange, en violet, en pourpre, en lilas, en rose, pouvaient se surdécorer de nuances modi-

« HEUREUX LES PACIFIQUES, CAR ILS POSSÈDENT LA TERRE. »
(SAINT MATTHIEU, V.)

fiantes, et recevoir, au moyen de fondants, des feuilles métalliques; ses
émaux tendres, à reflets, s'associaient sans difficulté aux émaux durs des

Arabes; ses émaux translucides, alors absolument neufs, n'avaient qu'à
se poser sur des pièces déjà décorées d'émaux moins fusibles. Grâce à ses
fondants colorés, l'effet de réfraction s'ajoute à l'effet réfléchi. Le verre

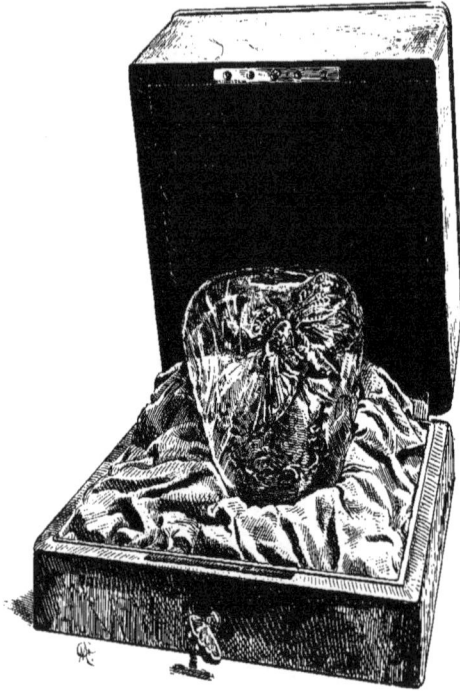

« Le cri strident de mon désir..... »
Vase cristal.   (Csse de Noailles.)

prend sa vraie valeur sous tous les aspects. Avec le temps, les gammes
tonales se chromatisent. Bien avant 1889, M. Gallé est en état de s'inspirer
de l'harmonie des cachemires. Il va de soi qu'il use, par surcroît, à sa
convenance, des grisailles de vitraux, appliquées à des vases pailletés
d'argent et d'or, du jaune d'argent, du camaïeu noir, des teintures d'or

et de platine, sans détriment de l'émail blanc de Bohême et des couleurs
de cristal.

Le désir de serrer de près certains détails curieux, l'œil luisant d'une
libellule, le reflet d'acier des élytres d'un scarabée, le tissu soyeux d'une
aile, lui fait composer, sur ces entrefaites, des émaux de petit feu ou
« émaux-bijoux », pareils à des pierreries, fixables sur un excipient métal-
lique d'avance incorporé au vase. L'emploi de ces pâtes, si promptes à
couler, est des plus difficiles. On sait si, dans les dernières années, les
bijoutiers ont eu recours, en des conditions plus commodes, à d'analogues
fondants. M. Gallé traite, par surcroît, des pièces en champlevé, à l'aide
de couches successives d'émail translucide emplissant, par successives
cuissons, un creux ménagé à la roue ; il fait des verres « églomisés », à
dessous d'or et à décors d'émaux-bijoux, enfermés à chaud dans la masse ; il
prépare des glaçures concordant aux exigences de tous les effets. Aucun pro-
blème ne le trouve à court. Et, quand il a satisfait, en 1882 et 1889, à toutes
ses ambitions d'émailleur et fait descendre sur sa palette le prisme entier de
l'arc-en-ciel, je l'ai déjà dit, c'est au verre nu qu'il revient — au verre fort,
agglomérant et solidarisant ses enveloppes de colorations différentes,
s'allumant ou s'éteignant au regard comme un marbre idéal, pénétrable
au touret qui dégage de sa masse des prestiges cachés, souffre, en ses
profondeurs, quelques interpositions mystérieuses et, en ses surfaces,
quelques discrètes végétations incrustées purement verrières, et ne se
laisse plus animer et broder de main de bijoutier. M. Gallé, au fond et par
dessus tout, aime, en verrerie, ce qui dérive de la cristallisation essentielle.
L'éloge suprême qu'on lui doit, c'est qu'il est parmi nous, passionnément,
en l'honneur de la vérité de nature et de la généreuse poésie, un verrier,
— le verrier par excellence.

V

L'ŒUVRE DE BOIS

Le désir de poser un vase à ciselure de bijou sur un socle assorti à sa beauté conduisit, un matin, M. Émile Gallé chez un marchand de bois d'essences colorées. Ce fut pour lui la révélation des couleurs ligneuses, élaborées au cœur des arbres de tous les pays et fondues en des substances plus ou moins dures, plus ou moins spongieuses, tantôt douces et satinées comme des tissus de soie, tantôt grenues et pleines de curieuses effilures,

« Je tiens au cœur de France. »
Table incrustée d'ébène et de bois des Iles.

tantôt brillantes et marbrées. En billes ou en plaquettes, on lui montrait des bois rouges et des bois roses, des bois orangés et des bois pourprés, des bois mauves et des bois bleuâtres, des bois jaunes et des bois verdissants, des bois ivoirins et des bois noirs, des bois gris de fer et des bois bruns, des bois puissants de ton et des bois aux nuances évaporées, des bois ondés, moirés, burelés, rubanés, striés, chinés, mouchetés, tigrés, des bois aux sections comme impressionnées de vagues paysages. Les uns, très denses, au grain compacte, appelaient le ciseau du sculpteur; les autres invitaient aux découpages et s'offraient aux fins caprices d'une marqueterie évocatrice du réel. N'y avait-il point là, pour un artiste de sa pénétration, une directe sollicitation de la nature de développer ses

principes en des conditions nouvelles, en les adaptant à un art tout diffé-
rent de ceux qu'il avait pratiqués jusque-là et, cependant, complémentaire? Ce bois, si longtemps
brûlé sans miséricorde par le
potier et le verrier, il en sentit,
selon son propre mot, sourdre
en lui l'adoration. C'était en
1885. L'année suivante, à ses
industries primitives, l'ébénisterie et la marqueterie s'ajou-
taient. A l'Exposition universelle de 1889, des meubles et
des constructions décorés, par
lui dessinés, exécutés sous ses
yeux, d'après ses pensées, avec
son incessant concours, se massaient en nombre. Pour séparer
et relier du même coup deux
salons contigus, appartenant à
deux classes différentes, il avait
créé une cloison à jour, déduite
des végétations des bois exo-
tiques, où s'épanouissaient des
fleurs d'acajou au milieu de
roses de dentelle, où des feuilles
de latanier se courbaient en
consoles, où des lianes vrillées
formaient des colonnettes. Un
peu plus loin, un kiosque s'érigeait, haut de quinze mètres,
dont tous les supports rappelaient les végétaux fossiles et

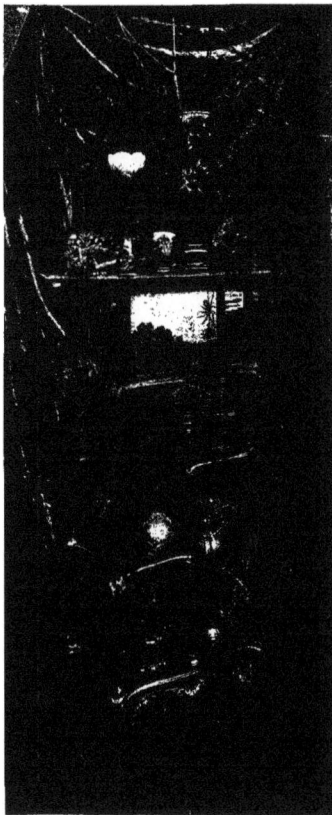

« LES OMBELLULES »
(Vieux noyer, mosaïques mates).

dont toutes les parois célébraient, en sculptures et en gravures, les mystères
des printemps du monde primordial[1]. On put voir, en ces œuvres, dressées

1. La cloison décorative, en bois d'amarante et chêne lacustre naturels, sculptés et tournés,

délibérément pour la belle présentation de pièces de verrerie et de céramique, le commencement d'un art spécial d'ébénisterie d'architecture
végétalisée en son organisme même. En 1900, l'artiste devait en apporter
d'autres exemples avec sa *Boutique de verrier*, inventée en souvenir des
forêts, et sa *Vitrine des granges*, toute menuisée et sculptée en forme de
tiges et d'épis de blé, entrecroisés en arcades ogivales. Autant de contri-
butions vraiment typiques au renouvellement de ce qu'on nomme aujour-
d'hui « l'art public », propre à l'enrichissement expressif des devantures
et des intérieurs de magasins et qui pourrait s'étendre, en bien des cas, à
des dispositifs d'appartements d'attente et de galeries de collections. En
l'imagination et le décor de simples aménagements d'exhibition, M. Gallé
introduisait ainsi la vivifiante nature et faisait circuler les sèves et les
souffles des clairières et des jardins.

Ses aspirations le portaient, néanmoins, bien davantage à des manifestations plus intimes, répondant à toute sorte de destinations pratiques,
au bénéfice de la vie de tous les jours. Aussi, dès ses premiers efforts,
s'était-il voué à la production des meubles, avec la ferme volonté de
servir l'existence et de rompre aux traditions inexpressives. S'étonne-t-on
de retrouver, en quelques silhouettes, des traces de styles connus ? C'est
qu'il est impossible d'échapper, sans tomber aux étrangetés de mauvais
aloi, à des lois de statique et d'assemblage de tout temps observées, sous
la réserve d'innovations opportunes, de distributions et d'accentuations
distinctives, dictées, de génération en génération, par les besoins modifiés
et par les goûts changeants, et qui constituent, exactement, l'architectonie
d'une époque. C'est, encore, qu'on ne s'abstrait qu'à la longue de la domina-
tion des anciennes habitudes et de certaines modes, telles que la mode japo-
naise, qui font, à un moment donné, une irrésistible invasion. On notera,
pour complément, que, dans les ouvrages de M. Gallé, les ressemblances
ne portent que sur des traits généraux; qu'elles sont naturelles, exclusives
de tout pastiche; que tous ses meubles possèdent une physionomie origi-
nale, s'établissent rationnellement et s'ajustent à des fins simples et nettement définies. Je relève, dans son étude sur *le Mobilier contemporain orné*

régnait sur une longueur d'environ trois mètres entre le salon de la céramique et la section du
meuble (classes 17 et 20). — Le haut kiosque aux motifs fossiles, en hêtre sculpté, centralisait, au
vestibule du palais des Industries, les plus éclatants cristaux de M. Gallé.

LE SAINT GRAAL ET SON TABERNACLE

E. Gallé inv

« HEUREUX LES PACIFIQUES. »

Cabinet bois sculpté et marqueté.

d'après nature[1], les affirmations suivantes, utiles à méditer, et qui aideront à distancer ses recherches de beaucoup de téméraires ingéniosités d'ébénistes d'à-présent : « Un meuble doit être fait pour servir ; une chaise n'est point créée pour s'exhiber parmi les phénomènes ; un lit n'est point assemblé pour offrir l'hospitalité à des objets d'art ; il n'est point indispensable qu'on puisse monter et s'asseoir sur un buffet de salle à manger, ni qu'un bahut soit flanqué d'*art appliqué* à droite et à gauche ; il n'est pas nécessaire, non plus, que Madame semble, à son jour, recevoir dans un *dining-car*, dans un harem, ou à l'auberge du Chat Noir... » Il réprouve les meubles à fonctions multiples, à la fois bibliothèques, armoires, tablettes, tables et pendules. Il déteste les confusions organiques et toute cette tératologie mobilière et cosmopolitaine dont l'Exposition de 1900 contenait trop de spécimens.

M. Gallé a toujours entendu composer ses meubles logiquement, leur assurer un bâti clair, bien équilibré, bien lié et d'agencement structural très apparent, proscrire les redites vaines, les formules d'une conventionnelle géométrie apprise à l'école, les moulures banalisées, les ornements stériles, compassés, ou, par réaction, violemment contournés, arbitrairement brisés et emmêlés. L'ornementation « tentaculaire » le choque au même degré que l'ornementation en rinceaux surannés. Comme à nos grands ouvriers de l'art gothique, du xiie au xve siècle, la plante vivante lui a fourni des formes substantielles, assimilables aux projets les plus divers, mais il a résolu d'en faire dériver ses motifs de structure autant que ses motifs de décor superficiel. N'est-ce donc pour rien que les tiges végétales sont rigides ou souples et infléchies, tordues, moulurées, cannelées, nouées, bourgeonnantes, diverses à plaisir ? A les analyser en leurs détails, à les approprier pour des pieds, des montants, des traverses et des encadrements de panneaux pleins, à saisir les caractères de leur modelé pour en tirer des moulurations vives, à s'emparer des soudures des bourgeons et des nœuds saillants du bois comme de soutiens pour des tablettes ou de points de départ pour des divisions transversales, on obtient, quasi forcément, des effets neufs, harmonieux et francs. Il va de soi que la stylisation est permise au degré utile, mais jamais au degré dénaturant. On a le droit de symétriser ou de dissymétriser selon les buts

1. *Revue des Arts décoratifs*, 1900, travail déjà cité.

poursuivis ; on ajoute à sa convenance les feuilles aux tiges, les fleurs aux feuilles et les fruits aux fleurs, afin d'accompagner les saillies et d'accentuer l'aboutissement des lignes. La sculpture tord les fines cannelures par places comme des lianes ; la marqueterie met à la surface des tables, aux portes des armoires, aux panneaux de fond des crédences et des étagères, aux parties libres et lisses des cadres, des floraisons très douces, des perspectives de ciel, des fuites de rivières, des horizons rêvés. Partout parle au regard le même symbolisme subtil, intimement personnel, qui déborde du cristal des vases, et s'inscrivent, comme les noms des personnages dans la primitive imagerie des Grecs, des noms de fleurs, des paroles de poètes, des sentences religieuses ou d'humaine philosophie. Le fer et le bronze, floralement travaillés, toujours sur les dessins du maître, s'ajourent en plaques de serrures ou ressortent en poignées de tiroirs. Par exception, un treillis de fleurs de bronze involucrées d'épines s'arrondit en auréole au sommet du tabernacle du Graal, achevé ainsi en présentoir d'un mode unique, et une galerie de même métal, semée de crucifères, fait une guipure au fond de la logette, ouverte, sous un comble à deux pentes, au haut du meuble presbytéral,

ADAPTATION DU PAVOT A UNE TABLE DE NUIT
(Appartient à M. Roupaix).

tout pénétré du souvenir des catacombes, qu'offrait, en 1894, un groupe de protestants d'Alsace à un pasteur vénéré[1]. L'esthétique de l'artiste s'est fondée sur des bases de vérité, fécondes comme la glèbe où les moissons poussent. Sa pensée s'incarne en ce qui éclôt et ne demande rien qu'à ceux qui savent la comprendre.

La marqueterie de M. Gallé a eu pour prélude l'ornementation de

---

1. Ce meuble a été offert à M. le pasteur Grimm, de la communauté protestante de Bischwiller, par ses paroissiens, en mémoire du cinquantième anniversaire de son presbytérat.

revers de vantaux en son premier grand meuble, soumis au jury de 1889[1].
C'était un grand cabinet sculpté, façonné en chêne palustre, d'un dispositif
de masse déduit des données de la Renaissance, mais très neuf de détails.
L'auteur l'avait conçu en évocation de nos origines gauloises, associant
l'idée de l'antique jeunesse de notre race à l'idée de la jeunesse éternelle
de la terre, fidèle à jamais aux primordiaux symboles. Pour les quatre

panneaux de sculpture, M. Victor Prouvé avait
modelé de mâles figures ancestrales, inspirées
des incantations de Leconte de Lisle dans ses
Poèmes barbares. En tout le décor des moulurations s'accointaient des motifs de nos bijoute-
ries les plus lointaines et des feuilles, des ramilles
et des glands du chêne lorrain, des brins de gui,
des muguets et des pervenches, hantés de scarabées indigènes dits « cerfs-volants ». A l'intérieur,
les vantaux se révélaient marquetés de varia-
tions végétales. Aussitôt après l'exécution de ce
cabinet, le maître décidait de réserver les ressources de la mosaïque à l'animation des surfaces
les plus en évidence. Sur une table magnifique,
en l'honneur de la Lorraine mutilée par la guerre,
mais inviolée dans son cœur, le marqueteur
découpait, suivant un carton de M. Prouvé encore,
une grande scène allégorique mouvementée, tra-
duisant le texte de Tacite « *Germania omnis a*
Galliis Rheno separatur » (La Germanie tout

« LE MÉRISIER DE SAINTE-LUCIE. »

Chaise de salon.

entière est séparée des Gaules par le Rhin'. Un autre collaborateur des plus
chers à M. Gallé, le peintre paysagiste et décorateur Louis Hestaux, dessinait, pour être interprétée de même autour de la composition, une bordure
« celtique ». La table porte sur des colonnettes, où se reconnaissent les
plantes qui s'attachent, le lierre et le chardon, avec des patins rappelant
les héraldiques alérions de Lorraine, et solidarisées par une épine centrale

1. *Le Chêne*, cabinet à mouluration naturaliste, avec sculpture-statuaire et mosaïque de bois.
Réexposé en 1900 (Exposition centennale) auprès de la table du *Chardon lorrain*, dite aussi *Table*
des aïeux dont il va être question. — Dès 1889, M. Gallé appliquait pratiquement sa marqueterie aux
petits meubles.

arcaturée, amplifiée d'un immense, d'un admirable chardon d'une sculpture exquise, le tout de la composition de l'artiste en personne. Deux devises supplémentaires, incrustées au plateau, scellent, pour ainsi parler, le sens du chef-d'œuvre : « *Je tiens au cœur de France. — Plus me poignent, plus j'y tiens* ». C'est là, sans contredit, une des merveilles de l'art français des dernières années du XIXe siècle. Puisse-t-elle, un jour, entrer au Louvre, où sa place future semble, à tous égards, marquée !

En ses débuts dans l'ébénisterie, M. Gallé, quoique visiblement séduit par le règne végétal, ne répugnait pas à recourir à la statuaire et n'écartait point l'être humain, même non héroïque, de ses imageries en découpures polychromes. Il nous montrait, gaiement, en 1889, une crédence ornée de fleurs et animée de scènes d'atelier *(le tourneur, l'ébéniste, le potier, le verrier);* un échiquier racontant, à son pourtour, la légende du jeu des échecs à travers les âges ; de petites tables agrémentées des vues de la cathédrale de Strasbourg et de la porte Saint-Georges de Nancy, ou d'épisodes de Lorraine et d'Alsace. A partir de ce temps, l'artiste se désintéresse complètement des figures sculptées et à peu près des mosaïques à personnages. Reliefs et incrustations, tout reviendra constamment pour lui à la botanique et, par occasion, à l'entomologie. On verra, par exemple, à l'Exposition universelle de 1900, un guéridon tréflé, soutenu par trois libellules stylisées[1], dont les longs corps effilés et annelés s'arquent légèrement vers le dehors pour constituer les pieds et dont les ailes s'ouvrent sur le bandeau. On y verra, de même, une incomparable étagère de salon, aujourd'hui au musée de Laval, aux montants, aux divisions, au couronnement et aux mosaïques de fond dérobés aux ombellules des prés, c'est-à-dire aux tiges et aux fleurs de pure orfèvrerie de la carotte sauvage ; et un grand buffet : *le Renouveau*, tout membré de noueuses glycines, surmonté d'une véritable tonnelle d'un travail de ciseau accompli, mais d'une conception réaliste assurément excessive en l'espèce, — car un meuble doit avant tout, jusqu'en ses épanouissements, avoir l'air d'un meuble. Je n'aperçois

1. Le souvenir de nos vieux et chers gothiques est revenu plus d'une fois, par la force des choses, à travers ces pages. Comment ne pas se rappeler ici que le fameux album sur feuilles de parchemin, couvert des dessins de l'architecte cambrésien Villard de Honnecourt, de 1241 à 1250, contient, non seulement des croquis de végétations stylisées, mais encore des croquis d'animaux, — notamment un chat, un cygne et une libellule, — sans compter des lions « contrefaits au vif », c'est-à-dire faits d'après nature ? Mais c'est surtout la libellule ancestrale qu'il nous plaît de saluer ici.

plus de figures marquetées, sauf, encore en 1900, en deux ou trois plateaux de guéridons illustrés de grises bergerades à la manière du xviiiᵉ siècle. Les marqueteries ne veulent plus chanter, dans leurs éclosions discrètes ou touffues, que les puissances de la terre et de la lumière, éveilleuses d'idées. Elles dédaignent les effets de stricte imitation de la peinture. Si l'on y peut noter, d'aventure, quelque emploi de morceaux artificiellement teintés, afin d'obtenir, sur tel point déterminé, telles taches particulières et vives, l'ensemble est invariablement d'aspect ligneux, scrupuleusement respecté et même souligné. Huit cents bois, de tous pays, ont fourni, en minces lamelles, au coloriste, les éléments matériels de ses prestiges. Le délicat souci de ne jamais contraindre les qualités de chaque essence préside aux pratiques de la mise en œuvre, au choix des échantillons, au découpage, à l'application, au raccordement, à la ciselure au burin des détails internes, au laquage des cernés, à l'ombrage à la flamme, au pinceau ou à l'acide. Des naturels veinages procèdent, souvent, les impressions de ciel, de vallonnements, de ruisseaux, de lacs. Tels panneaux incrustés se nuancent de vapeurs ardoisées d'une douceur vespérale; tels autres se dorent de lueurs du soleil couchant ou rougeoient de fauves éclats d'incendie[1]. Il en est qui font naître en nous la hantise des grands monts augustes. J'en sais aussi où se débrouillent des fiords inouïs, comme l'œil en découvre aux nuages des soirées de septembre, asiles illusoires d'authentiques splendeurs[2]. A l'ordinaire, les premiers plans se coupent de tiges, s'étoffent de feuilles ramagées, se pavoisent de corolles, se frangent de brindilles. Sous les frottis de l'encaustique, c'est une vision silencieuse, comme dévoilée à travers une autre atmosphère, très loin dans le songe et tout près, pourtant, dans le réel.

En 1889, un mobilier de chambre à coucher nous ramenait aux familiarités de la maison : des iris, des chrysanthèmes s'y brodaient sur des fonds ondulés, aux tons reposés, crépusculaires. Nous avons eu, depuis, « la chambre aux pavots » et « la chambre aux dahlias », développements parallèles des mêmes façons de sentir et de voir. Aux Salons du Champ de Mars de 1892 et de 1893, s'exposait la princière salle à manger commandée

---

1. Ceux entre autres, des *Chemins d'automne* (Salon de 1893) et de la commode en noyer de Turquie : *Tulipes turques* (Exposition universelle de 1900).

2. Ces traits se rapportent au décor du cabinet : *La Montagne* (Exposition universelle de 1900), et à celui du meuble-vitrine : *Corbeille de noce* (Salon de 1902).

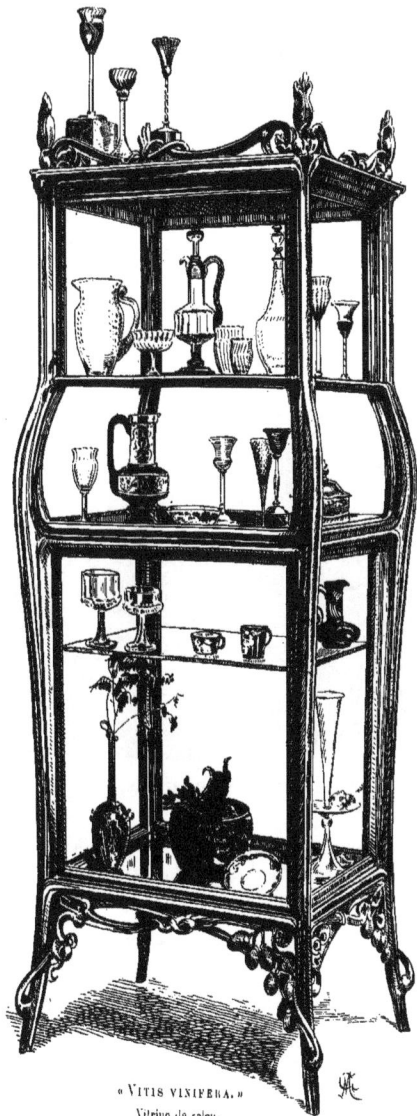

« VITIS VINIFERA. »

Vitrine de salon.

par M. Vasnier, l'opulent vigneron de Champagne, avec sa table « aux herbes potagères », sa console-desserte dite « du soir au vignoble », son dressoir « des chemins d'automne », ses sièges aux fleurissants dossiers. L'année 1894 nous valait, pareillement au Champ de Mars, deux meubles d'un caractère à part, répondant à d'exceptionnels programmes : le cabinet du pasteur d'Alsace et le tabernacle du Graal. Le premier, fait d'un Cabinet proprement dit, surmonté d'un présentoir sous un comble angulaire et posé

PLATEAU EN MARQUETERIE

sur une armoire basse, éveille en nous, par ses combinaisons plastiques, la pieuse réminiscence des chrismes, des chancels, des arcosolia de la Rome souterraine, reliques vénérables du christianisme naissant et persécuté, et résume, aux mosaïques fourmillantes de ses parois, toutes les végétations mystiques, le cèdre, le palmier, le cyprès, l'hysope, le froment, la vigne. Aussi M. Gallé l'a-t-il nommé *la Forêt de l'Esprit*. Le second, auréolé d'un réseau d'épineuses étoiles de bronze, se décore, en marqueteries raffinées, de l'image de la coupe sacrée couverte à demi d'un suaire, des orchidées pécheresses des parages de magie, aspirant à la rosée des larmes rédemptrices, et de la prairie verte et régénérée du Vendredi-Saint. En 1895, le

maître donnait à juger son grand meuble des *Parfums d'autrefois*, commode à placer entre deux fenêtres, évasée vers le mur en trapèze, flanquée
de supports arborescents, incurvée
et feuillagée à sa base, les faces
mosaïquées de tout le jardin des
anciens baumes. Une large et haute
glace trilobée la dominait, à la hol-
landaise, réflétant de beaux vases,
sans doute emplis des arômes con-
centrés du réséda et de la lavande,
de la verveine et de la reine-des-
bois, échelonnés, sur d'inégales
tablettes, à ses bords en fleurs.
Puis, voici des tables à thé à deux
plateaux qui se superposent, des
tables à jeu, de sveltes vitrines, des
bureaux de dame, des psychés, des
consoles de salon, des fauteuils, des
chaises, en chacun desquels se
condense, là taillé en relief, ici
incrusté à ravir, un fragment du
poème infini de la nature. L'Exposition universelle de 1900 nous
faisait voir, bientôt, cette production
en sa diversité, représentée par un
canapé au dossier ajouré, aux mem-
brures sculptées et ciselées, com-
posé suivant la tige et l'épi de l'orge;
par le grand buffet à la tonnelle;
par la gracieuse et si pure étagère
aux ombellules, et par un choix de
pièces de tout genre et de tout but,

« ORCHIDÉES LORRAINES. »
Bureau.

de fond ou de fantaisie, toutes se recommandant de signes personnels et
dont plusieurs sont des chefs-d'œuvre. Et c'était, enfin, plus récemment
encore, une riante innovation que *la Corbeille de noce* du Salon de 1902;

chiffonnier à tiroirs par en bas, par en haut vitrine amenuisée, à l'armature rebondie, moulurée, sculptée, égayée d'après la vigne-vierge, et laissant, sur ses parties pleines, se creuser des mirages de golfes énigmatiques et de rivages inconnus.

Je n'ignore pas que des critiques se sont élevées. D'aucuns ont trouvé des commodes, comme celle « à l'ipoméa », maintenant au Kensington Museum, à Londres, de forme lourde, et trop semblables à « de simples coffres ou des caisses montées sur des pieds plus ou moins ouvragés et imaginés, surtout, pour ménager un champ large à l'art du marqueteur ». Est-il donc si coupable de consacrer des œuvres à un mode d'expression principal, et n'est-il pas permis, quelquefois, de simplifier le cadre pour mieux attacher les regards au tableau ? D'autres ont taxé les sièges de l'artiste de « trop pesants », encore qu'il en ait produit de gracilement légers. Mais je ne sache pas qu'on ait uniquement besoin de chaises volantes... Un article de journal, tombé naguère en mes mains, s'appesantissait sur

CHAISE EN BOIS SCULPTÉ.

la forme trilobée, *trop religieuse,* donnée par lui au sommet d'une haute glace de salon et sur des gouttelettes de cristal, d'un effet discutable, imitant des pleurs de rosée parmi les fleurs marquetées d'une table, et concluait, comme si l'écrivain n'eût connu de sa façon rien autre chose : « M. Gallé a du talent et manque de goût ! » Les reproches de « subtilité », de « maniérisme », d' « idéalisme quand même » et d'« abus de littérature », ne lui ont pas été épargnés. Nous l'avons reconnu, au demeurant, si fermement, si continûment attaché au réel que le réel se notifie en ses compositions

décoratives avant même qu'aucune pensée ne s'exhale. La pensée n'est
qu'à ceux qui la devinent, comme le parfum n'est qu'à ceux qui le res-

pirent ; l'enveloppe visible
frappe tout le monde immédiatement. Qu'on n'oublie pas
que nous avons signalé, tout
au moins dans une œuvre
importante du maître de
Nancy, ce grand buffet curieux, qualifié ci-dessus de
« buffet-tonnelle », juste le
contraire de l'abus d'idéalisme littéraire : l'abus d'une
poursuite de la réalité littérale. Quel démenti aux opi-
nions toutes faites répandues
à son sujet !... En définitive,
les incertitudes d'apprécia-
tion s'expliquent par ceci qu'il
n'est pas moins malaisé aux
amateurs qu'au commun des
artistes de rompre avec les
accoutumances. D'ailleurs,
M. Gallé avait commencé par
s'imposer au double titre de
céramiste et de verrier, et
l'on n'accorde pas volontiers
à un homme licence de se
montrer supérieur de plu-
sieurs côtés. Et, malgré tout,
les discuteurs eux-mêmes ont
senti l'originalité et sacré
le mérite. Pas une pièce

« LA MONTAGNE. »

Cabinet en chêne lacustre, avec incrustations de marqueterie.

signée de M. Gallé qui ne soit empreinte d'un caractère spécial.

On s'habitue à ce caractère ; on comprend et l'on goûte la recherche neuve à mesure qu'elle cesse d'étonner ; on se dit que le style de demain s'élabore obscurément aujourd'hui ; qu'il est déjà peut-être élaboré à l'heure où l'on arrive ; que la tâche de demain ne sera que de le définir par une épithète. La conscience s'est, dès maintenant, si bien établie, que l'ébéniste-marqueteur nancéien est un créateur dans l'ordre du bois, non moins que dans l'ordre du verre, qu'on s'évertue à l'adaptation ou à la transposition de ses effets, voire au pastiche de sa manière. Au plus net, jamais inventeur mis au pillage ne conserva plus de sérénité au labeur. En possession d'un principe de fécondité indéfinie, puisqu'il se fonde sur la compréhension et l'adoration consciente de la nature, au service des émotions et des utilités humaines, il aura sans cesse l'initiation de combinaisons nouvelles, de moyens nouveaux. C'est pour lui, en abrégé, et pour concentrer l'esprit de son art, que M. Georges Lafenestre semble avoir écrit ces quatre vers charmants, au début de son recueil de vers des *Images fuyantes* :

> Source, ruisseau, torrent ou fleuve,
> Toute eau qui voyage au grand air,
> A chaque pas, dans son flot clair,
> Sent tomber une image neuve...

CONCLUSION

Aux quinze dernières années du XIXᵉ siècle, l'action de M. Gallé, dans l'ascension des arts appliqués au décor de la vie et aux convenances courantes, n'a cessé de croitre et de se propager. On en aurait à bon compte des témoignages à profusion, rien qu'à feuilleter les collections des journaux et des revues publiés au cours des Salons et les rapports des jurys des Expositions universelles. Cette influence s'est établie par l'abondance et la variété des œuvres du maître, expansion multiforme d'une conception unique ; par ses écrits de théorie et de pratique, notices raisonnées sur ses aboutissements, descriptions particularisées de ses ouvrages présentés au public, aperçus critiques de plus d'un genre, qu'il a confiés à des recueils parisiens ou provinciaux[1] ; enfin, à Nancy, par un enseignement de tous les jours, prodigué à ses collaborateurs et à ses ouvriers, et, peu à peu, débordant au dehors. En la bonne ville de Stanislas, naguère aussi stagnante que nos moyens chefs-lieux de département et repliée sur son passé, il a fait renaître l'activité féconde. M. Charles Gallé-Reinemer, transformant une humble boutique de miroitier en officine de gobeleterie à tendances neuves, puis réveillant la vieille céramique lorraine endormie à Saint-Clément, avait, de 1845 à 1870, préparé le milieu. Son fils, nourri des leçons des sciences naturelles, possédé du démon de l'art, alliant au savoir qui analyse et brasse les matières la sensibilité qui s'émeut à unir le rayonnement des idées, la vive perception de la beauté des choses et l'imagination qui récrée les spectacles, a tout agrandi et fait resplendir. Aux belles flammes montant de son foyer les artistes de ses environs sont venus se chauffer. Aux sources fraiches et voisines où il allait puiser son idéal, les meilleurs ont voulu s'abreuver, jusqu'à boire, quelquefois, dans sa propre écuelle. On a donc vu, à ses côtés, d'habiles ébénistes comme M. Majorelle abandonner sans retour les styles anciens pour se faire un vivant style reconnaissable ; des

1. J'ai cité les articles de M. Gallé dans le *Bulletin de la Société d'horticulture de Nancy* et, surtout, ceux publiés par lui dans la *Revue des Arts décoratifs*. Cf., encore, *Gazette des Beaux-Arts*, 1897, t. II ; Émile Gallé, les *Objets d'art décoratif au Salon*. On trouverait encore des articles de M. Gallé dans la *Lorraine artiste*, l'élégante revue d'art de Nancy.

verriers, comme M. Daum, construire leurs fours auprès de leurs jardins, afin que les pâtes de verre prissent l'éclat et l'aspect des fleurs ; des peintres, comme le regrettable Camille Martin, inventer et exécuter des reliures expressives ; d'autres comme M. Victor Prouvé pousser leurs recherches dans tous les sens, modelant aussi bien des ornements de boîte aux lettres ou de grande porte que des bijoux, combinant des coffrets en

CANAPÉ.
(Exposition universelle de 1900.)

cuir ou des couvertures de livres, non moins que des compositions à graver en camées ; d'autres enfin, comme M. Louis Hestaux, s'adonner à d'aimables caprices de marqueterie. Un luthier de vieux sang lorrain, M. Albert Jacquot, s'est avisé lui-même de décorer ses instruments de bois de couleurs incrustés et sculptés de sa main en couronnes florales. Que sais-je ? Ce groupe nancéien, plein d'élan, presque tumultueux parfois en ses manifestations, s'est façonné et encouragé aux exemples de l'illustre potier-verrier-ébéniste, évocateur sans repos de la bonne nature aux rajeunissements éternels.

Jusqu'aux portes de ses ateliers, la végétation triomphe. Son clos d'études déborde de toutes les plantes, humbles ou grandes, favorables aux libres inspirations ornementales. Il les dessine, il les fait dessiner et interpréter en relief sous ses yeux. Défense à ses collaborateurs du bois, de la

ARMOIRE A GLACE.

faïence et du verre, de travailler jamais sans avoir auprès d'eux, avec le modèle graphiquement arrêté qu'ils traduisent, quelques spécimens frais cueillis des fleurs et des feuillages représentés, destinés à en sauvegarder en eux l'impression vive. La vue de tous ses laboratoires s'égaie d'une caresse de verdure. Un vent chargé d'arômes vient frôler les fournaises ou lancer des brindilles vertes aux bois secs prêts à refleurir sous la pensée

et le rêve. Le maître va, constamment, du réduit où il se concentre aux
creusets, aux établis, aux chambres de modelage, d'émaillage et de gravure,
payant partout de la parole et de l'outil. S'il s'envole au loin des grains de
ses semailles, il ne s'en inquiète guère. Qu'elles tombent en bon terrain,
ce sera tant mieux pour tous! Elles engendreront des nouveautés encore.
Doivent-elles être la proie d'un recommenceur, incapable d'en faire éclore
autre chose que des plantes d'hier? Tant pis pour le maladroit, mais qu'importe au grand artiste! La bonne nature, qui lui a donné ses graines d'aujourd'hui, lui donnera ses ferments inconnus de demain. Il sait où ils
s'élaborent. Il est le metteur en œuvre des éléments inépuisables du réel
et le maître de ses propres œuvres.

Mais voici que la préoccupation l'a obsédé de l'avenir de l'art en cette
Lorraine tant aimée, si merveilleusement renée à la vie esthétique. Quel
malheur si, faute d'avoir suffisamment fait comprendre à la jeunesse les
clairs et forts principes, les fécondes générations d'à-présent n'avaient à
léguer leur héritage qu'à des générations stériles!... De cette obsession,
commune à tous les producteurs nommés plus haut, un acte collectif est
sorti. Une Alliance provinciale des industries d'art s'est instituée, sous
sa présidence, en prenant ce titre catégorique : « École de Nancy. » Il
s'agit, par le concert des énergies isolées, d'étendre la foi en l'art natu-
riste affranchi des routines, de soutenir les courages indépendants, de
fournir aux neuves aptitudes le moyen de s'éclairer et de s'affermir. À
l'heure où j'achève cette longue et trop brève étude, les statuts de l'asso-
ciation me sont transmis[1]. Issus de la pure initiative privée, l'École de
Nancy proclame « comme un principe vital industriel et comme un principe d'art, la nécessité de son *autonomie absolue* dans la gestion de ses
créations futures ». Elle entend « rester préférablement entre les mains
d'*industriels* ». Elle-même donnera à ses élèves, tous apprentis ou consi-
dérés comme tels, « un enseignement professionnel d'après les cours de
dessin et modelage créés par elle-même et adaptés directement à chaque
spécialité ». La loi vraie à laquelle les fondateurs se subordonnent est celle
de l'unité de l'art. Le programme réprouve toute oppression intellectuelle

---

1. *L'École de Nancy*, *Statuts*, imprimerie Berger et Paulin. Nancy, 1901. — Le bureau de l'asso-
ciation est constitué ainsi pour une première période triennale : M. Émile Gallé, président; MM. Daum,
verrier, et Majorelle, ébéniste, vice-présidents; M. Vallin, ébéniste, secrétaire général.

au nom des traditions de jadis et même des imaginations récentes. Des leçons de botanique et d'histoire naturelle, des conférences d'histoire et d'esthétique comparées, compléteront les technologies. A chacun il appartiendra de se rendre compte de ce que les artistes d'un temps doivent de services à ce temps et ce qu'ils en peuvent attendre d'inspirations belles ; de juger des qualités de toutes les matières et des appropriations auxquelles il lui sera permis de l'ajuster ; de se faire un esprit solide et sûr, sensible et large, loyal en face de soi-même, bien gouverné toujours. Nul maître n'est en état d'apprendre à personne mieux que des points de départ et des méthodes dont les applications ne valent hautement qu'à la condition d'être individuelles. Le passé a suivi sa route ; le présent fraye la sienne. Que l'avenir dédaigne à son tour les chemins tout tracés. Quand un sentier est ouvert dans la forêt, la puissance des végétations l'efface. Il faut le refaire à frais nouveaux. Quiconque se voue à l'art doit penser à ce symbole.

Je ne saurais prévoir les résultats lointains de cette École de Nancy, organisée par les plus remarquables producteurs nancéiens, M. Émile Gallé à leur tête. Je sais, seulement, que leur programme est exemplaire et que j'en souhaite ardemment l'heureuse et parfaite réalisation. Et je sais aussi que cette fière déclaration d'initiative, immédiatement suivie d'effet, de l'admirable poète du cristal, de la terre et du bois de Lorraine, et de ses amis, mérite de résonner d'un bout de la France à l'autre comme un coup de clairon. Tout le monde s'en va chantant son amour pour sa province natale. Ce n'est pas assez de l'aimer : il faut la servir. Ce n'est pas assez de lui ménager même une grandeur d'un moment : il faut s'efforcer de lui assurer, au profit de la patrie entière, des chances de renaissances sans fin. Ces Lorrains, signataires du pacte que j'ai résumé, auront eu, les premiers, ce but hautain et pratique. Grand honneur, quoi qu'il advienne, en rejaillira sur eux.

TABLE DES MATIÈRES

TABLE DES GRAVURES HORS TEXTE

PARIS. — IMP. GEORGES PETIT, 12, RUE GODOT-DE-MAUROI.

Lightning Source UK Ltd.
Milton Keynes UK
UKHW011103250322
400615UK00005B/962

9 782329 295138